어휘만 알아도 일본어능력시험에 합격한다

일본어 단어
자동암기
N2

어휘만 알아도 일본어능력시험에 합격한다

일본어 단어 자동암기 N2

초판 1쇄 인쇄　　2018년 02월 15일
초판 1쇄 발행　　2018년 02월 20일

지은이　　박나리, 오쿠무라 유지
펴낸이　　홍성은
펴낸곳　　바이링구얼
교정·교열　육근혜
디자인　　이초희
삽화　　　김다혜
출판등록　2011년 01월 12일
주 소　　서울 마포구 월드컵로 30다길 5, 202호
전 화　　(02) 6015-8835　　팩스 (02) 6455-8835
메 일　　nick0413@gmail.com

ISBN　　979-11-85980-20-1　13730

• 잘못된 책은 구입한 서점에서 바꿔 드립니다.

어휘만 알아도 일본어능력시험에 합격한다

일본어 단어 자동암기 N2

박나리 & 오쿠무라 유지 지음

바이링구얼

어휘만 알아도
일본어능력시험에 합격한다

일본어능력시험은 레벨에 따라 문자, 어휘, 문법, 독해, 청해 파트로 구성되어 있습니다. 하지만 모든 파트의 가장 중요한 기본은 어휘입니다. 어휘를 모르면 독해, 청해 등 모든 파트에서 문제를 이해조차 할 수 없습니다. 반대로 해당 레벨의 어휘만 제대로 알고 있으면, 한국어와 어순이 같고 발음이 어렵지 않기 때문에 나머지 파트를 열심히 공부하지 않고도 일본어능력시험에 합격할 정도의 점수는 받을 수 있습니다. 물론 따로 더 공부하면 보다 완벽한 점수를 받을 수 있겠지만요.

이 책에서는 일본어 어휘를 쉽게 익힐 수 있도록 주제별로 어휘를 분류하고, 팟캐스트에서 저자 강의를 무료로 제공하고 있습니다. 책만 보는 것보다 저자의 강의를 들으며 공부하면 몇 배 더 효과적으로 일본어 어휘를 습득할 수 있습니다. 강의가 끝난 후 배운 어휘들을 직접 연습장에 써 보면 훨씬 좋습니다.

본문 학습이 끝나면 그날 배운 어휘들은 연습 문제를 통해 한 번 더 확실히 익힐 수 있도록 구성했습니다. 또, 5개의 주제로 구성된 한 파트가 끝날 때마다 능력시험 실전 문제로 실력을 다지고 시험에 적응할 수 있습니다.

여러분의 합격을 진심으로 기원합니다.

Step 1
팟캐스트 강의 청취

저자의 음성 강의를 들으며 주제별 N2 어휘 학습하기

 팟캐스트　 팟빵

Step 2
연습문제

그날 배운 어휘를 연습 문제로 확실하게 익히기

Step 3
능력시험 실전문제

한 주 동안 익힌 어휘로 구성된 N2 실전 문제로 실력 다지기

1 주차

1	집, 자취, 삶	10
2	가사, 육아, 방문	16
3	음식, 요리, 재료	20
4	사람, 가족	25
5	돈, 지출	30

2 주차

6	사람의 특징/성격	42
7	태도, 인간관계	47
8	몸 상태, 병원	53
9	감정, 기분, 마음	59
10	여러 가지 동작	65

3 주차

11	자연, 환경	76
12	지역, 지형, 구분	82
13	과학, 수학	87
14	공부, 책, 글	92
15	학교	97

4 주차

16 시기, 일정	108
17 수, 양, 정도	114
18 순서, 무엇, 속도	120
19 위치, 장소	124
20 교통(수단), 방향	129

5 주차

21 취직, 직업, 직위	140
22 일, 업무	145
23 우편/메일/컴퓨터/전화	150
24 기타 사물	154
25 부사 1	159

6 주차

26 국가, 정치, 경제, 종교	172
27 기준, 규율, 법률	177
28 질의응답, 말, 인사	182
29 부사 2	187
30 접속사, 기타	193

7 주차

31 쇼핑, 패션, 장사	204
32 생각, 사고, 측정	208
33 산업, 기술, 농업, 산림	214
34 여가, 문화, 건축, 예술	220
35 가타카나어 1	226

8 주차

36 도전, 싸움, 무기	238
37 모임, 회의, 능력(장단점)	243
38 여행, 계획, 소망, 추억	248
39 동물, 식물, 종류, 기타	253
40 가타카나어 2	257

9 주차

41 얼굴, 신체	270
42 기타 행동, 생활	274
43 기타 상황, 상태	279
44 평가, 연구, 결과	284
45 사건, 책임, 존경어, 접두(접미)어	290

Day 1 집, 자취, 삶
Day 2 가사, 육아, 방문
Day 3 음식, 요리, 재료
Day 4 사람, 가족
Day 5 돈, 지출

Day 1 집, 자취, 삶

📱 팟캐스트에서 저자의 강의를 들으며 책을 보세요.

☐ 夫を支える　　　　　　　남편을 **지원하다**(지지하다)
　 柱で屋根を支える　　　　기둥으로 지붕을 **떠받치다**

☐ 勉強のため上京する　　　공부를 위해 **상경하다**

☐ 苦難の道　　　　　　　　고난의 길

☐ 広々とした部屋　　　　　**널찍한** 방

☐ 朝寝坊をする　　　　　　**늦잠**을 자다

☐ 飼い主のない猫　　　　　주인 없는 고양이

☐ 学生を家に帰す　　　　　학생을 집으로 **돌려보내다**

☐ 貸間を探す　　　　　　　**셋방**을 구하다

☐ 同じ釜の飯を食う　　　　한솥밥을 **먹다**

☐ 剃刀でひげを剃る　　　　**면도칼**로 수염을 **깎다**

☐ お正月に帰省する　　　　설날에 **귀성하다**

☐ 蛍光灯を取り換える　　　**형광등**을 바꾸다

☐ 強盗が入る　　　　　　　**강도**가 들다

□ 自宅で仕事をする	자택에서 일을 하다
□ 書斎で本を読む	서재에서 책을 읽다
□ 寝台列車	침대 열차
□ お住まいはどちらですか	사는 곳은 어디입니까?
□ 洗面道具・洗面所	세면도구/세면실(화장실)
□ 歯磨きをする	양치질을 하다
□ 日当たりのいい部屋	햇볕이 잘 드는 방
□ 判子を彫る	도장을 파다
□ 枕をする	베개를 베다
□ 髪が乱れる	머리가 헝클어지다
□ 家主に家賃を払う	집주인에게 집세를 내다
□ 服をたんすに入れる	옷을 옷장에 넣다
□ やかんでお湯を沸かす	주전자로 물을 끓이다
□ カレーの入れ物・ピアスの入れ物	카레 그릇/피어싱 용기
□ 煙突掃除	굴뚝 청소
□ 紙くずが散らかっている	휴지가 어지러져 있다

座敷（ざしき）を掃（は）く	다다미방을 쓸다
空（あ）いている貸家（かしや）	비어 있는 셋집
湯飲（ゆの）みにお茶（ちゃ）を入（い）れる	찻잔에 차를 끓여 내다
コンビニ受（う）け取（と）りサービス	편의점 수취 서비스
貸店舗（かしてんぽ）	대여 점포
金属（きんぞく）が錆（さ）びる	금속이 녹슬다
座布団（ざぶとん）を敷（し）く	방석을 깔다
敵（てき）の侵入（しんにゅう）を防（ふせ）ぐ	적의 침입을 막다
箱（はこ）に詰（つ）める	상자에 채워 넣다
弁当（べんとう）を詰（つ）める	도시락을 담다(싸다)
席（せき）を詰（つ）める	(열차 등에서) 자리를 좁히다
首（くび）を吊（つ）る	목을 매달다
手足（てあし）が吊（つ）る	손발에 쥐가 나다
吊（つ）り戸棚（とだな）	(문짝 달린) 매다는 찬장
寝巻（ねまき）に着替（きが）える	잠옷으로 갈아입다
独（ひと）り寝（ね）	혼자 잠
一人暮（ひとりぐ）らしのメリット	혼자 사는 것의 장점

- ガラス瓶(びん)   유리**병**
- ペット不可(ふか)   애완견 **불가**
- 自(みずか)ら考(かんが)える   **스스로** 생각하다
- エアコン付(つ)き   에어컨 **딸림**

연습문제

1 알맞은 어휘에 체크하세요.

① 私は15歳ころから髭を (ⓐ 剃り ⓑ 切り) はじめました。
② 今日は日曜日なので (ⓐ 朝寝屋 ⓑ 朝寝坊) してもかまいません。
③ 学生たちを早く家に (ⓐ 帰って ⓑ 帰して) 私たちも帰りましょう。
④ 申し訳ありませんが、席を (ⓐ 押して ⓑ 詰めて) お座りください。
⑤ 私は会社に行かないで、(ⓐ 自宅 ⓑ 自家) で仕事をしています。

2 괄호 안에 들어갈 어휘를 a・b・c・d・e 중에서 선택하세요.

1

① 部屋を探す条件の一つは (　　　　) がいいことですね。
② 私の部屋はいつも (　　　　) が散らかっていて汚いです。

③ 大学の近くで、自炊ができる(　　　　)を探しています。

④ 弟は結婚しないで、まだ(　　　　)をしています。

> ⓐ貸間　ⓑ紙くず　ⓒ日当たり　ⓓ寝台　ⓔ一人暮らし

2

① 私はいつもお茶を飲むときは(　　　　)で飲みます。

② 彼とは軍隊で同じ(　　　　)の飯を食った仲です。

③ お湯を沸かすときには、ふつう(　　　　)を使います。

④ 自宅でジャムを作って(　　　　)に入れて保存しています。

> ⓐやかん　ⓑ釜　ⓒ弁当　ⓓ湯飲み　ⓔガラス瓶

정답
1 ①a ②b ③b ④b ⑤a
2 **1** ①c ②b ③a ④e　**2** ①d ②b ③a ④e

Day 2 가사, 육아, 방문

📱 팟캐스트에서 저자의 강의를 들으며 책을 보세요.

☐ **いたずら**をする	**장난**을 치다
☐ 白百合の花が**匂う**	흰 백합꽃이 **향기가 나다(냄새가 나다)**
☐ 部屋を**換気**する	방을 **환기**시키다
☐ 電話の**雑音**	전화 **잡음**
☐ 水を**こぼす**	물을 엎지르다
☐ 指を**しゃぶる**	손가락을 빨다
☐ **食卓**を**片付ける**	**식탁**을 정리하다
☐ 子供を**甘やかす**	아이를 응석받이로 키우다
☐ **毛糸**で**編み物**をする	**털실**로 **뜨개질**을 하다
☐ 手袋を**編む**	장갑을 뜨다
☐ 子供を**可愛がる**	아이를 **귀여워하다**
☐ 子供向けの**腰掛け**	어린이용 **걸상**
☐ **裁縫**が下手だ	**바느질(재봉)**이 서툴다
☐ 花瓶に花を**挿す**	꽃병에 꽃을 **꽂다**

食事の作法	식사 예절
炊事道具	취사도구
清掃道具	청소 도구
服を縫う	옷을 꿰매다
ほうきで掃く	빗자루로 쓸다
世界の衣食住	세계의 의식주
みかんの皮を剝く	귤 껍질을 까다
湯気が立つ	김(수증기)이 나다
途中で止す	도중에 그만두다
応接室に入る	응접실에 들어가다
ご飯を炊く	밥을 짓다
大声で怒鳴る	큰 소리로 야단치다(고함치다)
家事を手伝う	가사(집안일)를 돕다
育児休業	육아 휴업(휴직)
お椀にご飯を盛る	밥공기에 밥을 담다
雑巾を絞る	걸레를 (쥐어)짜다
皿を盆に載せる	접시를 쟁반에 올리다

□ 洗濯物を乾かす　　　　　빨래를 말리다

연습문제

1 알맞은 어휘에 체크하세요.

① 炊き立てのご飯から (ⓐ 湯気　ⓑ 蒸気) が立っています。
② 子供を (ⓐ 甘やかして　ⓑ 可愛がって) 育てたので、わがままな子になってしまいました。
③ 母がやぶれた服を (ⓐ 編んで　ⓑ 縫って) くれた。
④ 毎朝、ほうきで庭を (ⓐ 拭く　ⓑ 掃く) のが私の仕事でした。
⑤ 家族全員の洗濯物を (ⓐ 乾く　ⓑ 乾かす) のも楽じゃありません。

2 괄호 안에 들어갈 어휘를 a·b·c·d·e 중에서 선택하세요.

1
① 空気が悪いので、部屋を (　　　　) した方がいいですよ。

② 引っ越ししたばかりで、まだ（　　　　　）がそろっていません。

③ 食事のとき以外には（　　　　　）に座ることはあまりありません。

④ 床に水をこぼしてしまったんですが、（　　　　　）ありますか。

> ⓐ 食卓　ⓑ 換気　ⓒ 雑巾　ⓓ 雑音　ⓔ 炊事道具

2
① 赤ちゃんなら指を（　　　　　）のは当然ですよ。

② 私は必ずぶどうの皮を（　　　　　）食べます。

③ 食事の後、彼女は皿にりんごを（　　　　　）持ってきました。

④ いつもご飯を（　　　　　）、主人の帰りを待っています。

> ⓐ 載せて　ⓑ 剥いて　ⓒ しゃぶる　ⓓ 盛って　ⓔ 炊いて

정답
1 ①a ②a ③b ④b ⑤b
2 ❶①b ②e ③a ④c　❷①c ②b ③a ④e

Day 3 음식, 요리, 재료

팟캐스트에서 저자의 강의를 들으며 책을 보세요.

☐ 調理法	조리법
☐ ご飯をお代わりする	밥을 한 그릇 더 먹다
☐ 匂いを嗅ぐ	냄새를 맡다
☐ 加工食品	가공식품
☐ 鈍い刀	무딘 칼
☐ 生地が膨らむ	반죽이 부풀어 오르다
☐ 喫茶店でお茶を飲む	찻집에서 차를 마시다
☐ 原産地を確認する	원산지를 확인하다
☐ 豪華な食事	호화로운 식사
☐ 魚を焦がす	생선을 태우다
☐ 穀物を収穫する	곡물을 수확하다
☐ パンが焦げる	빵이 타다(눌러 붙다)
☐ 白い粉	하얀 가루
☐ 新鮮な刺身	신선한 회

☐	食器を消毒する	식기를 소독하다
☐	賞味期限が切れる	유통 기한이 지나다
☐	果物の汁	과일즙
☐	水蒸気がのぼる	수증기가 올라가다
☐	水筒に水を入れる	물통에 물을 넣다
☐	水分をとる	수분을 섭취하다
☐	レモンは酸っぱい	레몬은 시다
☐	地下水をくみ上げる	지하수를 퍼 올리다
☐	水に浸ける	물에 담그다
☐	粒が大きい	알갱이가 크다
☐	丼物	덮밥
☐	油が跳ねる	기름이 튀다
☐	ビタミンを含む	비타민을 함유하다
☐	手作りの味噌	직접 만든 된장
☐	養分を取る	양분을 섭취하다
☐	酔っ払いが乱入する	취객이 난입하다
☐	おやつの時間	간식 시간

☐	おかずが少ない	반찬이 적다
☐	魚をあぶる	생선을 불에 굽다
☐	居酒屋での飲み会	술집에서의 회식
☐	コーヒー豆を炒る	커피콩을 볶다
☐	果実が実る	과실이 열리다
☐	調味料の固まり	조미료 덩어리
☐	電子レンジで加熱する	전자레인지로 가열하다
☐	殻を破る	껍질을 깨다
☐	缶詰を開ける方法	통조림을 여는 방법
☐	小麦を使わないパン	밀을 사용하지 않은 빵
☐	おしゃれなワイン酒場	멋있는 와인 바
☐	食塩の摂取	소금(식염) 섭취
☐	手入れを受ける 庭の手入れ	단속을 당하다, 관리를 받다 정원 손질
☐	エコ農産物	친환경 농산물
☐	材料を入れてかき混ぜる	재료를 넣고 뒤섞다(휘젓다)
☐	鍋を熱する	냄비를 (가)열하다

연습문제

1 알맞은 어휘에 체크하세요.

① このお菓子、賞味期限が (ⓐ切れて　ⓑ止まって) いますよ。

② キムチ用の白菜を昨晩、塩水に (ⓐ入って　ⓑ漬けて) おきました。

③ コーヒーに砂糖とミルクを入れて (ⓐかき混ぜて　ⓑ回して) ください。

④ レモンはビタミンCをたくさん (ⓐ含めて　ⓑ含んで) います。

⑤ 天ぷらを作るときは、油が (ⓐ跳ねる　ⓑあげる) かもしれないから気をつけてね。

2 괄호 안에 들어갈 어휘를 a・b・c・d・e 중에서 선택하세요.

1

① 牛肉を買う時は (　　　　　) を確認したほうがいいですよ。

② 毎日 (　　　　　) を食べるのは、体によくないです。

③ 保存しておくにはやっぱり(　　　　　)が便利です。

④ この料理は(　　　　　)がやさしいので、若い奥さんに人気です。

> ⓐ原産地　ⓑ調理法　ⓒ生地　ⓓ缶詰　ⓔ加工食品

2

① うっかりしていて、魚を(　　　　　)しまいました。

② フライパンを十分(　　　　　)から、油を入れてください。

③ お店で売っているコーヒーの豆は、すでに(　　　　　)あります。

④ 妻に「ちょっとこの匂いを(　　　　　)みて」と頼まれた。

> ⓐ焦げて　ⓑ炒って　ⓒ熱して　ⓓ嗅いで　ⓔ焦がして

정답

1　①a　②b　③a　④b　⑤a
2　**1**　①a　②e　③d　④b　　**2**　①e　②c　③b　④d

Day 4 사람, 가족

📱 팟캐스트에서 저자의 강의를 들으며 책을 보세요.

☐ 職人気質	장인 (특유의) 기질
☐ 悪魔の仕業	악마의 소행
☐ 親孝行をする	효도를 하다
☐ 子孫に伝える	자손에게 물려주다
☐ 青少年の犯罪	청소년의 범죄
☐ 祖先を敬う	조상을 공경하다
☐ 二世を契る	부부의 인연을 맺다
☐ 人と人を繋げる	사람과 사람을 연결하다
☐ 弟子を育てる	제자를 기르다
☐ うちの女房	우리 마누라
☐ 夫妻を招く	부부를 초대하다
☐ 世間知らずの坊ちゃん	세상 물정 모르는 철부지
☐ 役者が登場する	배우가 등장하다
☐ 我々には関係ない	우리들에게는 관계없다

☐ よその子(こ)	남의 집 아이
☐ 一家(いっか)の運命(うんめい)	일가의 운명
☐ 結婚(けっこん)で名字(みょうじ)が変(か)わた	결혼해서 **성**이 바뀌었다
☐ 賢(かしこ)い私(わたし)の姪(めい)	영리한 나의 **조카딸**
☐ 鬼(おに)ヶ島(しま)	옛날, **도깨비**가 살고 있었다는 상상의 섬
☐ 恩(おん)を返(かえ)す	**은혜**를 갚다
☐ 求婚方法(きゅうこんほうほう)	**구혼(청혼)** 방법
☐ 婚約指輪(こんやくゆびわ)	**약혼반지**
☐ 田中氏(たなかし)	다나카 **씨**
☐ お腹(なか)の赤(あか)ちゃんの性別(せいべつ)	배 속의 아이의 **성별**
☐ 先祖(せんぞ)から受(う)け継(つ)ぐ	**선조**로부터 물려받다
☐ 繋(つな)がりが深(ふか)い	**관계(이어짐)**가 깊다
☐ 電波(でんぱ)が繋(つな)がる	**전파**가 **연결되다**
☐ 犬連(いぬづ)れのマナー 連(つ)れがいる	개 **동반(동행)**의 매너 **동행자**가 있다
☐ 花嫁(はなよめ)になる	**신부**가 되다
☐ 大統領(だいとうりょう)の夫人(ふじん)	대통령의 **부인**

☐ 養父母	양부모
☐ アメリカ海兵隊	미국 해병대(군대)
☐ 神や仏は存在するの？	신이나 부처님은 존재하나요?
☐ 各自の自由に任せる	각자의 자유에 맡기다
☐ 児童文学	아동 문학
☐ 漁師が魚をとる	어부가 고기를 잡다
☐ 身分証明書	신분증명서
☐ 目上の人を敬う	윗사람을 공경하다

연습문제

1 알맞은 어휘에 체크하세요.

① お腹の赤ちゃんの (ⓐ 性別　ⓑ 姓別) を早く知りたい。
② 昨日、(ⓐ 連れ　ⓑ 一連) と一緒に居酒屋に行って飲んだ。
③ 社会が変わっても、先祖を (ⓐ 招く　ⓑ 敬う) 気持ちは変わりません。
④ 親の生きているうちに (ⓐ 孝道　ⓑ 親孝行) しておいた方がいいよ。
⑤ 来年の春にはうちの娘も (ⓐ 新嫁　ⓑ 花嫁) になります。

2 괄호 안에 들어갈 어휘를 a · b · c · d · e 중에서 선택하세요.

1

① 最近、(　　　　　) の犯罪が増えて、問題になっています。
② 立派な (　　　　　) を育てるのも、師匠の仕事です。
③ 日本では普通、女性が結婚すると (　　　　　) が変わります。

④ 結婚は二人の幸せのためでもあるが、(　　　　)を残すという意味もある。

> ⓐ弟子　ⓑ子孫　ⓒ名字　ⓓ女房　ⓔ青少年

2

① 会議に出席するかどうかは、各自に(　　　　)います。
② 先週、有名な講師を(　　　　)セミナーを開きました。
③ 外国に行った友達とやっと電話が(　　　　)、連絡が取れました。
④ どんなに困難なことがあっても、恩を仇で(　　　　)はいけない。

> ⓐ繋がって　ⓑ招いて　ⓒ返して　ⓓ継いで　ⓔ任せて

정답

1 ①a ②a ③b ④b ⑤b
2 **1** ①e ②a ③c ④b　**2** ①e ②b ③a ④c

Day 5 돈, 지출

📱 팟캐스트에서 저자의 강의를 들으며 책을 보세요.

☐ 赤字が出る	적자가 나다
☐ 安定した収入	안정된 수입
☐ 株で儲ける	주식으로 돈을 벌다
☐ 為替レートが上がる	환율이 오르다
☐ 寄付金を集める	기부금을 모으다
☐ 給与が増える	급여가 늘다
☐ 金庫にお金を入れる	금고에 돈을 넣다
☐ 金銭に余裕がない	금전에 여유가 없다
☐ 金融機関	금융 기관
☐ 黒字が出る	흑자가 나다
☐ 月給をもらう	월급을 받다
☐ 限度を超える	한도를 넘다
☐ お小遣いをもらう	용돈을 받다
☐ 紙幣を発行する	지폐를 발행하다

☐ 集金（しゅうきん）に回（まわ）る	수금하러 다니다
☐ 賞金（しょうきん）をもらう	상금을 타다
☐ 需要（じゅよう）の増大（ぞうだい）	수요의 증대
☐ 莫大（ばくだい）な損害（そんがい）	막대한 손해
☐ 貯金通帳（ちょきんつうちょう）	저금 통장
☐ 収入（しゅうにゅう）と支出（ししゅつ）が釣（つ）り合（あ）う	수입과 지출이 잘 맞다 (균형이 잡히다)
☐ 値（ね）が上（あ）がる	값이 오르다
☐ 電気代（でんきだい）を払（はら）い込（こ）む	전기세를 납부하다
☐ 全額（ぜんがく）を払（はら）い戻（もど）す	전액을 환불하다
☐ 時間（じかん）の無駄遣（むだづか）い	시간 낭비
☐ 儲（もう）かる商売（しょうばい）	벌이가 좋은 장사
☐ 領収証（りょうしゅうしょう）を発行（はっこう）する	영수증을 발행하다
☐ 捨（す）てるにはもったいない	버리기에 아깝다
☐ 手紙（てがみ）をよこす	편지를 보내오다
☐ 今日（きょう）は私（わたし）がおごるよ	오늘은 내가 한턱낼게
☐ 金（かね）をこしらえる	돈을 마련하다

☐ 入会費・年会費	입회비/연회비
☐ 共同購買	**공동** 구매
☐ 請求金額を確認する	**청구 금액**을 확인하다
☐ 身を削る	살을 **깎다**(살을 깎는 고통이다)
☐ 世界の通貨制度	세계의 **통화** 제도
☐ 通知設定	**알람(통지)** 설정
☐ 定価で買う	**정가**로 사다
☐ 電卓で計算する	**전자계산기**로 계산하다
☐ バイクが盗難にあう	자전거를 **도난** 당하다
☐ 値引き交渉	**가격 할인 협상(교섭)**
☐ 会社の破産	회사의 **파산**
☐ 時給1,000円	**시급** 1,000엔
☐ お勘定をお願いします	**계산** 부탁드립니다

연습문제

1 알맞은 어휘에 체크하세요.

① 残ったおかずを捨てるのは (ⓐ おしい　ⓑ もったいない) ですよ。

②「すみません、(ⓐ お勘定　ⓑ 計算) お願いします。」

③ お母さんのおつかいをして (ⓐ お目玉　ⓑ お小遣い) をもらいました。

④ どんな仕事でもいいから、何か (ⓐ 儲ける　ⓑ 儲かる) 仕事がしたい。

⑤ そんな (ⓐ 無駄遣い　ⓑ 金遣い) をしていたら、お金はたまらないよ。

2 괄호 안에 들어갈 어휘를 a・b・c・d・e 중에서 선택하세요.

1

① 最近 (　　　　　) が上がって、ウォンの価値が高まりました。

② カードでお金を借りようとしたが、(　　　　　) を超えていて借りられなかった。

③ セール期間でなければ (　　　　　) できません。

④ メンバーシップになるには、最初に(　　　　)が必要です。

- ⓐ値引き　ⓑ為替レート　ⓒ入会費　ⓓ定価　ⓔ限度

2

① 40年間、身を(　　　　)働きましたが、残ったものは何もありません。
② 商品に欠陥があり、代金は全額(　　　　)もらいました。
③ 手伝ってくれたお礼に、友達に食事を(　　　　)あげた。
④ 電気代が未払いなので、今月中に(　　　　)くださいね。

- ⓐ払い込んで　ⓑおごって　ⓒ削って
- ⓓ買って　ⓔ払い戻して

정답

1 ①b ②a ③b ④b ⑤a
2 **1** ①b ②e ③a ④c **2** ①c ②e ③b ④a

1 （　　）に入れるのに最もよいものを、a・b・c・d から一つえらびなさい。

① ずいぶん古いものなので、金属が（　　　　）しまっています。

　ⓐ 乾いて　ⓑ さびて　ⓒ 腐って　ⓓ かびて

②「これ、おいしいですね。（　　　　）してもいいですか。」

　ⓐ 付けだし　ⓑ お代わり　ⓒ 一杯　ⓓ おしぼり

③ お客様を接待するときは、食事の（　　　　）に気をつけてください。

　ⓐ 味見　ⓑ 支度　ⓒ 言葉　ⓓ 作法

④ 弁当箱にご飯をいっぱい（　　　　）、遠足に出かけました。

　ⓐ 満たして　ⓑ 入って　ⓒ のせて　ⓓ 詰めて

⑤ フェイスブックは人と人を（　　　　）手段と言えます。

　ⓐ 繋げる　ⓑ 会える　ⓒ 契る　ⓓ 伝える

⑥ パンがおいしいかどうかは、パンの（　　　　）で決まります。

　ⓐ 素地　ⓑ 生地　ⓒ 小麦　ⓓ 下地

⑦ 今月は支出が多くて、初めて（　　　　）になりました。

　ⓐ 黒字　ⓑ 赤字　ⓒ 支払い　ⓓ 寄付金

⑧ 食事の後は必ず（　　　）をしてください。

　ⓐ 歯ブラシ　ⓑ 歯掃除　ⓒ 歯磨き　ⓓ 歯洗い

2 説明に最も合う言葉を、a・b・c・d から一つえらびなさい。

① 夫婦になることを誓う。

　ⓐ お嫁に行く　ⓑ 二世を契る　ⓒ 後を継ぐ　ⓓ 二世になる

② 寝るときに着る衣服。

　ⓐ 寝袋　ⓑ 羽織　ⓒ 寝巻　ⓓ 浴衣

③ よい状態を保つために、整備・補修をする。

　ⓐ 手入れする　　　　　ⓑ おしゃれする
　ⓒ 世話をする　　　　　ⓓ 整頓する

④ 相手にふざけて何かをする。

ⓐ 感謝　ⓑ お礼　ⓒ いたずら　ⓓ 冗談

3 _____に最も意味が近いものを、a・b・c・dから一つえらびなさい。

① 賞味期限が切れる。

ⓐ できる　ⓑ 終わる　ⓒ 決まる　ⓓ 伸びる

② どんな理由があっても、税金の無駄遣いは許されない。

ⓐ 窃盗　ⓑ 節約　ⓒ 浪費　ⓓ わいろ

③ 日本と韓国は歴史的に繋がりが深い。

ⓐ 関係　ⓑ 信頼　ⓒ 反発　ⓓ 嫌悪感

④ よその子でも悪いことをしたら叱るのが当然です。

ⓐ 隣の子　ⓑ 知人の子　ⓒ 他人の子　ⓓ 先生の子

4 つぎのことばの使い方として最もよいものを、a・b・c・dから一つえらびなさい。

① 甘やかす
　ⓐ 女性は甘やかした男性が好きだ。
　ⓑ 甘やかすものを食べすぎると太るよ。

ⓒ 子供を甘やかして育てるのは教育上よくない。
ⓓ 甘やかす人は誰からも信頼される。

② 足が吊る

ⓐ お金を使いすぎて、今月は足が吊った。
ⓑ 疲れた時は足が吊ると気持ちがいい。
ⓒ いくら友達同士でも、足が吊るのはよくない。
ⓓ 久しぶりにサッカーをしたら、途中で足が吊ってしまった。

③ 釣り合う

ⓐ 来週は友達と海へ行って釣り合うつもりです。
ⓑ 友達と同じ条件で釣り合うのは楽しいです。
ⓒ 今月になってやっと収入と支出が釣り合うようになりました。
ⓓ 私の趣味は釣り合うことです。

④ 身を削る

ⓐ 朝から夜まで身を削って働きました。
ⓑ 最近、ダイエットのために身を削っています。
ⓒ 自分が悪かったと身を削って謝りました。
ⓓ 友達とけんかして、身を削ってしまいました。

*정답은 300쪽을 확인하세요.

Day 6 　사람의 특징/성격
Day 7 　태도, 인간관계
Day 8 　몸 상태, 병원
Day 9 　감정, 기분, 마음
Day 10　여러 가지 동작

2주

Day 6 사람의 특징/성격

📱 팟캐스트에서 저자의 강의를 들으며 책을 보세요.

☐ 考えすぎる**傾向**がある	지나치게 생각하는 **경향**이 있다
☐ 価値観が**引っ繰り返る**	가치관이 **뒤바뀌다**
☐ **曖昧な**態度	**애매한** 태도
☐ **厚かましい**やつ	**뻔뻔스러운** 녀석
☐ **穏やかな**日々	**평온한** 나날
☐ 手先が**器用**だ	**손재주가** 있다
☐ **気楽な**人	**태평한** 사람
☐ **強引**に進める	**억지로** 진행시키다
☐ **好奇心**が強い	**호기심**이 강하다
☐ **肯定**的に考える	**긍정**적으로 생각하다
☐ **純粋な**気持ち	**순수한** 마음
☐ **図々しい**態度	**뻔뻔스러운** 태도
☐ **頼もしい**味方	**믿음직스러운** 아군
☐ **生意気な**言葉遣い	**건방진** 말투

☐ 卑怯なやり方	비겁한 방법
☐ 不潔なトイレ	불결한 화장실
☐ 朗らかな性格	명랑한 성격
☐ 見かけによらない	겉보기와 다르다
☐ 幼稚な考え	유치한 생각
☐ 要領が悪い/いい	요령이 없다/좋다
☐ 若々しい声	생기발랄한 목소리
☐ 興味が湧く	흥미가 솟다
☐ ぼろを出す	결점을 드러내다
☐ そそっかしい性格	덜렁대는 성격
☐ 彼女はおしゃべりだ	그녀는 수다쟁이다
☐ だらしない態度	칠칠치 못한 태도
☐ 動物園の哀れな動物	동물원의 가여운 동물
☐ 乱暴に扱う	난폭하게 다루다
☐ いい加減にしなさい	적당히 하세요
☐ 清い心を持った人	맑은 마음을 가진 사람

☐ 気が狂う	정신이 **이상해지다**
時計が狂う	시계가 **고장나다**
☐ 純情を捧げる	**순정을** 바치다
☐ 逃げるのは狡い	도망치는 것은 **치사하다**
☐ 率直に話す	**솔직하게** 말하다
☐ 呑気で愉快な人	**느긋(태평)하고 유쾌한** 사람
☐ 生き生きとした表情	**생기가 넘치는** 표정
☐ 大ざっぱな性格	**대충하는** 성격
☐ 欲張りな女性	**욕심이 많은** 여성
☐ わがままな人	**제 멋대로인** 사람

 연습문제

1 알맞은 어휘에 체크하세요.

① 妹は (ⓐ 見かけに ⓑ 見た目に) よらず、気が強いんですよ。
② 彼女は (ⓐ そそかしい ⓑ そそっかしい) ので、銀行の仕事には向かないと思うよ。
③ 最近、あまりにも忙しくて気が (ⓐ 狂い ⓑ 変わり) そうです。
④ 良子さんは手先が (ⓐ 器用で ⓑ 細かくて)、編み物が上手です。
⑤ 人の部屋に入って無断でテレビを見ているなんて、お前は本当に (ⓐ 厚かましい ⓑ 暖かい) やつだな。

2 괄호 안에 들어갈 어휘를 a・b・c・d・e 중에서 선택하세요.

1

① いつまでも (　　　　) な態度でいると、誤解されますよ。
② 妻は友達との (　　　　) でストレスを解消しているようだ。

③ 問題がまだ解決していないのに、逃げるなんて
( ) ですよ。
④ これは精密機械なので、( ) に扱っては
壊れてしまいます。

> ⓐ狡い　ⓑ乱暴　ⓒ幼稚　ⓓ曖昧　ⓔおしゃべり

2

① 友達は ( ) 性格なので、誰とでも仲良くなれます。
② 彼は ( ) 性格で、細かいことは気にしません。
③ 私は ( ) 性格なので、いつも忘れ物をしています。
④ 私は自分勝手で ( ) 性格の人は好きじゃありません。

> ⓐ朗らかな　ⓑ大ざっぱな　ⓒ欲張りな
> ⓓわがままな　ⓔそそっかしい

정답

1 ①a ②b ③a ④a ⑤a
2 ■①d ②e ③a ④b　■①a ②b ③e ④d

Day 7 태도, 인간관계

📱 팟캐스트에서 저자의 강의를 들으며 책을 보세요.

☐ 制度を改める	제도를 개선하다
☐ 動物をいじめる	동물을 괴롭히다
☐ ピッチャーを代える	투수를 (교대하여) 바꾸다
☐ 境界線を引く	경계선을 긋다
☐ 相手を苦しめる	상대를 괴롭히다
☐ 謙遜な態度	겸손한 태도
☐ 時代に逆らう	시대를 역행하다
☐ 初対面の人	처음 만난 사람
☐ 信頼を回復する	신뢰를 회복하다
☐ 人に頼る	남에게 의지하다
☐ 頼りにする	의지를 하다
☐ 愛を誓う	사랑을 맹세하다
☐ 共に喜ぶ	함께 기뻐하다
☐ 仲を隔てる	사이를 갈라놓다

心から詫びる	진심으로 사죄하다
悪口を言う	욕(험담)을 하다
友達をからかう	친구를 놀리다
人をだます	남을 속이다
ふざけるな	까불지 마라
敵をやっつける	적을 해치우다
羊の群れ	양 떼
友達に恵まれる	친구 복이 많다
威張る人の特徴	잘난 척하는 사람의 특징
花を贈る	꽃을 선물하다
刃物で脅かす	칼로 위협하다
害を及ぼす	해를 끼치다
命に係わる	생명과 관련되다
自分勝手にする	자기 마음대로 하다
人生は不公平だ	인생은 불공평하다
相互作用	상호작용
人を慰める言葉	남을 위로하는 말

☐ 好きな人に話しかける	좋아하는 사람에게 **말을 걸다**
☐ 子供から目を離す	아이에게 눈을 떼다(한눈을 팔다)
1.5メートル以上離す	1.5미터 이상 **떼어 놓다**(거리를 두다)
☐ 皮肉な言葉	**빈정거리는** 말
☐ 不平不満が多い	**불평불만**이 많다
☐ 仕事を放る	일을 **팽개치다**
☐ 母を真似る	엄마를 **흉내 내다**
☐ 父を尊敬する	아버지를 **존경**하다
☐ 一番偉い人	가장 **훌륭한/높은** 사람
偉い事件	**엄청난** 사건
☐ 人を信用する	사람을 믿다(**신용**하다)
☐ 人の心を疑う	사람의 마음을 **의심하다**
☐ 自分を責めるな！	스스로를 **비난하지** 마!
☐ 期待を裏切る	기대에 **어긋나다**
味方を裏切る	같은 편을 **배신하다**
☐ 泣く子も黙る	우는 아이도 **울음을 그치다** (조용히 하다)

- 人のせいにする — 다른 사람의 **탓으로 하다**
- 自分を信じる — 자신을 **믿다**
- 馬鹿にする — **바보** 취급을 하다
- 敬意を表す — **경의**를 표하다
- 相手を敬う — 상대방을 **공경하다**
- 恩恵を受ける — **은혜**를 받다
- 相談に応じる — 상담에 **응하다**

연습문제

1 알맞은 어휘에 체크하세요.

① 新入部員は先輩の期待を(ⓐ 裏切って ⓑ 捨てて)クラブをやめてしまった。

② 妹はダンス歌手を(ⓐ 似せて ⓑ 真似て)一生懸命に踊っている。

③ 営業コンサルタントの人が親切に相談に(ⓐ 受けて ⓑ 応じて)くれた。

④ 兄は「この年になって恋人もいないのか」と私を(ⓐ からかった ⓑ 逆らった)。

⑤ 環境汚染は命に(ⓐ 従う ⓑ 係わる)重要な問題です。

2 괄호 안에 들어갈 어휘를 a·b·c·d·e 중에서 선택하세요.

1

① 私は恥ずかしがり屋で(　　　　)の人とはあまり話ができない。

② 両親に相談もしないで、結婚を(　　　　)に決めてしまった。

③ 社員のほとんどが会社のやり方に(　　　　)を言っています。

④ 自分を低くできる人が一番(　　　　)だと思います。

> ⓐ 不平不満　ⓑ 初対面　ⓒ 勝手　ⓓ 不公平　ⓔ 偉い人

2

① 何でも人の(　　　　)人は成長できません。

② 実験に失敗したからといって自分を(　　　　)必要はないよ。

③ どんな理由があっても、他人に害を(　　　　)ことはしてはいけないことだ。

④ 子供は少しでも目を(　　　　)と何をするか分からないので心配だ。

> ⓐ 及ぼす　ⓑ おこる　ⓒ せいにする　ⓓ 離す　ⓔ 責める

정답

1 ①a ②b ③b ④a ⑤b
2 ①①b ②c ③a ④e　②①c ②e ③a ④d

Day 8 몸 상태, 병원

📱 팟캐스트에서 저자의 강의를 들으며 책을 보세요.

☐ 刺激的な味	자극적인 맛
☐ 頭が重たい	머리가 무겁다
☐ 癌が発見される	암이 발견되다
☐ 軽い近視	가벼운 근시
☐ 唇(のど)が渇く	입술(목)이 마르다
☐ 外科手術	외과 수술
☐ 障害を克服する	장애를 극복하다
☐ 目薬を差す	안약을 넣다
☐ 死体が見つかる	사체가 발견되다
☐ 重態に陥る	중태에 빠지다
☐ 出血が止まる	출혈이 멎다
☐ 小便が近い	소변이 잦다
☐ 人命を救う	인명을 구조하다
☐ 葬式を出す	장례를 치르다

53

□ 治療を受ける	치료를 받다
□ 鼻が詰まる	코가 막히다
□ 伝染を防ぐ	전염을 막다
□ 神経が尖る	신경이 날카로워지다
□ 内科で診てもらう	내과에서 진료를 받다
□ 寝ても寝ても眠たい	자도 자도 졸리다
□ 吐き気がする	구역질이 나다
□ 皮膚が荒れる	피부가 거칠어지다
□ 疲労がたまる	피로가 쌓이다
□ ゴミで管が塞がる	쓰레기로 관이 막히다
傷口が塞がる	상처가 아물다
□ 包帯を巻く	붕대를 감다
□ まぶたに浮かぶ	눈(눈꺼풀)에 선하다
□ めまいがする	현기증이 나다
□ 肩を揉む	어깨를 주무르다
□ 患者に輸血する	환자에게 수혈하다
□ つやがある	윤기가 있다 ※つやつや 반들반들

☐ 頭が**すっきり**する	머리가 **상쾌하다**
☐ 愛に**飢**える	사랑에 **굶주리다**
☐ 化学**薬品**	화학 **약품**
☐ **看病**疲れ	**간병** 피로(지침)
☐ **筋肉**をつける	**근육**을 키우다(붙이다)
☐ **苦痛**を**感**じる	**고통**을 느끼다
☐ **血圧**が**高**い	**혈압**이 높다
☐ 終わる**気配**がない	끝날 **기미(기색)**가 없다 ※人の気配　인기척
☐ タバコの**煙**で**煙**い	담배 연기로 **냅다**
☐ **痛**みを**堪**える	아픔을 **참다(견디다)**
☐ 蜂に**刺**される	벌에 **쏘이다**
☐ 手が**痺**れる	손이 **저리다**
☐ **心身**が**楽**になる	**심신**이 편해지다
☐ **健康診断**を**受**ける	건강 **진단**을 받다
☐ **生存**率が低い癌	**생존률**이 낮은 암
☐ 健康**保険**証	건강 **보험증**

- 飲みすぎて吐いてしまった　　과음해서 **토해** 버렸다
- 心臓がドキドキする　　**심장**이 두근거리다
- 呼吸しにくい　　**호흡**하기 힘들다
- 衛生に気を付ける　　**위생**에 주의하다
- くしゃみが止まらない　　**재채기**가 멈추지 않는다

연습문제

1 알맞은 어휘에 체크하세요.

① 風邪を引いたので、(ⓐ 外科 ⓑ 内科)の先生に診てもらいました。
② 目が疲れているなら、この目薬を(ⓐ 差したら ⓑ 入ったら)いいですよ。
③ 花粉のせいか、さっきから(ⓐ くしゃみ ⓑ 吐き気)が止まらない。
④ 30分ほど昼寝をしたら頭が(ⓐ はっきり ⓑ すっきり)しました。
⑤ 年を取ると(ⓐ 小便 ⓑ 睡眠)が近くなって、夜中に目が覚めてしまいます。

2 괄호 안에 들어갈 어휘를 a・b・c・d・e 중에서 선택하세요.

1
① 最近、夜勤が続いていて、(　　　　)がたまっているんだ。
② 私は一人で夜空の星を眺めていると(　　　　)が楽になるんです。

③ 夏は食中毒の恐れがあるので、(　　　　　) に気を付けなければなりません。
④ 対人恐怖症で、知らない人と一緒にいると (　　　　　) を感じます。

- ⓐ 苦労　ⓑ 苦痛　ⓒ 心身　ⓓ 衛生　ⓔ 疲労

2

① 夏の間、外に出る機会が多くて、肌が (　　　　　) しまいました。
② やっと傷口が (　　　　　)、包帯をほどくことができました。
③ 風邪を引いてしまって、鼻が (　　　　　) 息苦しいです。
④ 夜、寝ている間に、たくさん蚊に (　　　　　) しまった。

- ⓐ 詰まって　ⓑ 塞がって　ⓒ 噛んで
- ⓓ 刺されて　ⓔ 荒れて

정답

1 ①b ②a ③a ④b ⑤a
2 **1** ①e ②c ③d ④b　**2** ①e ②b ③a ④d

Day 9 감정, 기분, 마음

📱 팟캐스트에서 저자의 강의를 들으며 책을 보세요.

☐ 心が弾む	마음이 **들뜨다**
☐ 感激の涙	**감격의 눈물**
☐ 呆れるほど食べる	**질릴** 만큼 먹다
☐ 先輩に憧れる	선배를 **동경하다**
☐ 意志が弱い	**의지**가 약하다
☐ 恨みを持つ	**원한**을 품다
☐ 天を恨む	하늘을 **원망하다**
☐ 他人を羨む	타인을 **부러워하다**
☐ 恐れをいだく 恐れがある	**공포심**을 품다 **우려**가 있다
☐ 固い決心	**굳은** 결심
☐ 機嫌が悪い	**기분**이 언짢다
☐ 気の毒に思う	**가엾이** 여기다
☐ 気味が悪い	**느낌**이 좋지 않다

☐ 恐縮(きょうしゅく)ですが…	**죄송**합니다만…
☐ 苦情(くじょう)を言(い)う	**불평**하다
☐ 考(かんが)えても仕方(しかた)がない	생각해도 **소용없다**
☐ 故郷(こきょう)が恋(こい)しい	고향이 **그립다**
☐ マナーを心得(こころえ)る	매너를 (이해하여) **알다**
☐ 心(こころ)を込(こ)める	마음(정성)을 **담다**
☐ 実感(じっかん)がわく	**실감**이 나다
☐ 実(じつ)に残念(ざんねん)だ	**실로** 유감스럽다
☐ 力強(ちからづよ)い味方(みかた)	**든든한** 내 편
☐ 憎(にく)い元(もと)カレ	**미운** 전 남자 친구
☐ 他人(たにん)を憎(にく)む	타인을 **미워하다**
☐ 憎(にく)らしいことを言(い)う	**얄미운** 소리를 하다
☐ 負担(ふたん)をかける	**부담**을 주다
☐ 物騒(ぶっそう)な世(よ)の中(なか)	**뒤숭숭한** 세상
☐ 惨(みじ)めな姿(すがた)	**비참한** 모습
☐ 本当(ほんとう)に申(もう)し訳(わけ)ない	정말로 **미안하다**
☐ 嫌(いや)な予感(よかん)がする	불길한 **예감**이 들다

☐ でたらめな話(はなし)	터무니없는 이야기
☐ 嬉(うれ)しくてたまらない	기뻐서 어쩔 줄 모르다
☐ めでたい事(こと)	경사스러운 일
☐ 返事(へんじ)をためらう	대답을 주저하다
☐ みっともない服装(ふくそう)	꼴불견인 복장
☐ 失敗(しっぱい)を恐(おそ)れる	실패를 두려워하다
☐ 思(おも)いがけない秘密(ひみつ)	뜻밖의 비밀
☐ 恐怖(きょうふ)を感(かん)じる	공포를 느끼다
☐ 犬(いぬ)を嫌(きら)う理由(りゆう)	개를 싫어하는 이유
人(ひと)に嫌(きら)われる	남에게 미움을 받다
☐ 謙虚(けんきょ)な態度(たいど)	겸허한 태도
☐ 会(あ)いたくてしょうがない	너무 보고 싶어 죽겠다
☐ 済(す)まない	미안하다
気(き)が済(す)まない	직성이 풀리지 않다
☐ 強気(つよき)で行(い)く	기세 좋게 가다
☐ 懐(なつ)かしい母(はは)の味(あじ)	그리운 엄마의 맛
☐ 寝坊(ねぼう)して慌(あわ)てる	늦잠을 자서 당황하여 서두르다

☐ 負けて悔しい	져서 분하다
☐ やむを得ない事情	어쩔 수 없는 사정
☐ 不思議に思う	이상하게 생각하다
☐ 納得がいかない	납득이 가지 않는다
☐ 焦る気持ち	초조한 마음
☐ 何もかも面倒くさい	모든 게 귀찮다
☐ 退屈な日々	지루한 일상
☐ 過去のことを悔やむ	과거의 일을 후회하다
☐ 弱気は最大の敵	나약함은 최대의 적
☐ 余裕がない	여유가 없다
☐ 勉強を嫌がる	공부를 싫어하다

연습문제

1 알맞은 어휘에 체크하세요.

① 留守の家から女性の声が聞こえるなんて、本当に(ⓐ たちが悪い ⓑ 気味が悪い)ですね。

② (ⓐ 思いがけない ⓑ 気が済まない)結果にみんなが驚いた。

③ 私が離婚したという(ⓐ でたらめな ⓑ ありきたりな)噂が立って、本当に困りました。

④ 彼は若いのに、社会のマナーをしっかり(ⓐ 心得ている ⓑ 果たしている)。

⑤ 今日は初めてのデートで心が(ⓐ 満たします ⓑ 弾みます)。

2 괄호 안에 들어갈 어휘를 a·b·c·d·e 중에서 선택하세요.

1

① 重要な試合に負けてしまって、本当に(　　　　)です。

② 一人暮らしをしていると何もかもが(　　　　)ので、何もしたくありません。

③ 妹が持って来てくれたキムチは(　　　　)母の味がした。

63

④ 妹はいつも (　　　　) ことを言って、私を怒らせる。

- ⓐ 愛らしい
- ⓑ 悔しい
- ⓒ 憎らしい
- ⓓ 面倒くさい
- ⓔ 懐かしい

2

① 「本当に (　　　　) ですが、その席を私に譲っていただけませんか。」
② 田舎では毎日することもなく、(　　　　) な日々を送っています。
③ 20年以上、消息のなかった友達に会えて (　　　　) の涙を流した。
④ 連続殺人が起こるとは、本当に (　　　　) な世の中になりました。

- ⓐ 感激
- ⓑ 物騒
- ⓒ 恐縮
- ⓓ 恐怖
- ⓔ 退屈

정답

1 ①b ②a ③a ④a ⑤b
2 **1** ①b ②d ③e ④c　**2** ①c ②e ③a ④b

Day 10 여러 가지 동작

📱 팟캐스트에서 저자의 강의를 들으며 책을 보세요.

☐ 犬が鎖から放れる	개가 **사슬**에서 **풀려나다**
☐ 耳を塞ぐ	귀를 **막다**
☐ 馬が暴れる	말이 **날뛰다**
☐ 眠い目を擦る	졸린 눈을 **비비다**
☐ 耳もとでささやく	귓전에 대고 **속삭이다**
☐ ため息をつく	**한숨**을 쉬다
☐ 手首をねじる	**손목**을 **비틀다**
☐ 窓から覗く	창문에서 **엿보다**
☐ 動作が鈍い	**동작이 느리다**
☐ 口を挟む	(남의) 말에 **끼어들다**
☐ 肘をぶつける 不満をぶつける	**팔꿈치를 부딪히다** 불만을 **터트리다**
☐ 蛇口をひねる	**수도꼭지를 돌리다**
☐ 後ろを振り向く	뒤를 **돌아보다**

□ わがままに振舞う	제멋대로 행동하다
□ しゃっくりが止まる	딸꾹질이 멈추다
□ 髪にくしを入れる	머리를 빗질하다
□ ボンドでくっつける	본드로 붙이다
□ 石につまずく	돌에 걸려 넘어지다
□ 涙がこぼれる	눈물이 흘러내리다
□ あくびが出る	하품이 나다
□ 子供がしゃがむ	아이가 쭈그리고 앉다
□ 腕をつねる	팔을 꼬집다
□ りんごをかじる	사과를 베어 먹다
□ タバコをくわえる	담배를 (입에) 물다
□ 負担を抱える	부담을 떠안다
□ かゆいところを掻く	가려운 곳을 긁다
□ 足を組む	다리를 꼬다
バンドを組む	밴드를 결성하다
□ ベンチに腰掛ける	벤치에 걸터앉다
□ 正しい姿勢	바른 자세

☐ 店に突っ込む車	가게로 **돌진하는(처박는)** 차
☐ 頭を撫でる	머리를 **쓰다듬다**
☐ 服をぶら下げる	옷을 **매달다**
☐ 耳を引っ張る	귀를 **잡아당기다**
☐ じっと睨む	꼼짝하지 않고 **노려보다**
☐ 彼の話に肯く	그의 말에 **수긍하다**
☐ 肩に担ぐ	어깨에 **메다**
☐ 肘を突く	**팔꿈치를 괴다**
☐ 膝を曲げる	무릎을 **구부리다**
☐ 赤ちゃんが這う	아기가 **기어가다**
☐ 息を吐く/吸う	숨을 **내뱉다**/마시다

연습문제

1 알맞은 어휘에 체크하세요.

① うちの犬は頭を(ⓐ撫でて ⓑこすって)やると、とっても喜ぶんです。
② ベンチに(ⓐしゃがんで ⓑ腰掛けて)、ただ道行く人を眺めていた。
③ 今夜のパーティーでは、紳士らしく(ⓐ振舞って ⓑ動いて)ください。
④ 大人の話に子供が口を(ⓐ覗く ⓑ挟む)のはよくありません。
⑤ (ⓐみっともない ⓑめでたい)ことがあったら、皆でお祝いしますよ。

2 괄호 안에 들어갈 어휘를 a・b・c・d・e 중에서 선택하세요.

1

① 両親は私のテストの点数を見て、「はあっ」(　　　　)をついた。
② 息を止めていれば、(　　　　)は自然と止まりますよ。

③ 授業がつまらなくて、いくら我慢しても(　　　)が出てしまう。
④ 他の人に気付かれないように、静かに(　　　)でささやいた。

> ⓐ ため息　　ⓑ しゃっくり　　ⓒ 耳もと
> ⓓ あくび　　ⓔ くしゃみ

2

① 運動の後、水を飲もうと急いで蛇口を(　　　)。
② 子供の泣き声があまりにもうるさくて、手で耳を(　　　)。
③ 悲しい映画を見て、思わず涙が(　　　)。
④ 友達の声がしたので、慌てて後ろを(　　　)。

> ⓐ 塞いだ　　ⓑ ひねった　　ⓒ 振り向いた
> ⓓ こぼれた　　ⓔ 抱えた

정답

1 ①a ②b ③a ④b ⑤b
2 ❶ ①a ②b ③d ④c　❷ ①b ②a ③d ④c

1 （　　）に入れるのに最もよいものを、a・b・c・dから一つえらびなさい。

① 長い間、たたみに座っていたので、足が（　　　）しまいました。

　ⓐ 疲れて　ⓑ 荒れて　ⓒ 痺れて　ⓓ たまって

② 友達が（　　　　）秘密を打ち明けてきて、私は動揺してしまいました。

　ⓐ 思いがけない　　　　ⓑ 知っている
　ⓒ 思いつかない　　　　ⓓ わからない

③ 食事に誘っておいて、お金を払わないなんて（　　　　）やつだな。

　ⓐ わがままな　　　　ⓑ 厚かましい
　ⓒ そそっかしい　　　ⓓ だらしない

④ 最近、歯が悪くてりんごを（　　　　）と血が出ます。

　ⓐ くわえる　ⓑ 撫でる　ⓒ たたく　ⓓ かじる

⑤ 軍隊では（　　　　）生活は許されない。

　ⓐ 頼もしい　ⓑ 若々しい　ⓒ だらしない　ⓓ 楽しい

⑥ 私は女手一つで５人の子を育てた母を（　　　）います。

　ⓐ 尊重して　ⓑ 敬って　ⓒ 尊敬して　ⓓ 脅かして

⑦ 先生の話が長く続いて、いまだに終わる（　　　）がない。

　ⓐ 気配　ⓑ 気味　ⓒ 気持　ⓓ 気心

2 説明に最も合う言葉を、a・b・c・d から一つえらびなさい。

① 隠そうと努めていたのに、欠点を見せてしまう。

　ⓐ よく見せる　　　　ⓑ あかを出す
　ⓒ ぼろを出す　　　　ⓓ 見かけによる

② 昔のことが目に見えるように思い出される。

　ⓐ 目を覚ます　　　　ⓑ 夢を見る
　ⓒ まぶたに浮かぶ　　ⓓ 頭をよぎる

③ 遠回しに嫌らしく相手を非難する言葉。

　ⓐ 威張った言葉　　　ⓑ 皮肉な言葉
　ⓒ 謙遜な言葉　　　　ⓓ ふざけた言葉

④ 他人の不幸や苦痛などに同情して心を痛めること。

　　ⓐ 気を揉む　　　　　ⓑ 気の毒に思う
　　ⓒ 気が散る　　　　　ⓓ 気にかかる

3 _____ に最も意味が近いものを、a・b・c・dから一つえらびなさい。

① お酒を飲みすぎてむかつく。

　　ⓐ 腹が立つ　　　　　ⓑ 陽気になる
　　ⓒ 気分が悪い　　　　ⓓ 吐き気がする

② 話をしていたら、横から由美ちゃんが口を挟んできた。

　　ⓐ 話を聞いて　　　　ⓑ じゃまをして
　　ⓒ 楽しんで　　　　　ⓓ 口を出して

③ 今年、教育制度を改めた。

　　ⓐ 変えた　ⓑ 決定した　ⓒ 廃止した　ⓓ できた

④ 彼は仕事をしているときが一番 生き生きとしています。

　　ⓐ 疲れて　　　　　　ⓑ 活気に満ちて
　　ⓒ やる気を持って　　ⓓ 集中して

4 つぎのことばの使い方として最もよいものを、a・b・c・dから一つえらびなさい。

① 目まいがする
ⓐ 私はいくらたくさん食べても目まいがしません。
ⓑ 急に立ち上がったら、目まいがしました。
ⓒ 先生に褒められて目まいがしてもしりませんよ。
ⓓ 夜は暗くて目まいがしません。

② 不思議だ
ⓐ 不思議な人は誰からも嫌われますよ。
ⓑ いくら先輩でも、不思議なことは許されません。
ⓒ これだけ努力したんだから、成功しても不思議ではない。
ⓓ 若い時は誰でも不思議になるものです。

③ いい加減
ⓐ この料理はいい加減ですね。
ⓑ このスポーツカーはいい加減なスピードですね。
ⓒ 冗談を言うのもいい加減にしなさい。
ⓓ 私の日本語の実力がいい加減になりました。

④ 足を組む
ⓐ みんなで足を組んで頑張りましょう。
ⓑ 面接では足を組んで話すのは失礼ですから、やめましょう。
ⓒ 足を組む前に、必ず相談してください。
ⓓ ずっと立っていると足を組みたくなります。

*정답은 300쪽을 확인하세요.

Day 11 **자연, 환경**
Day 12 **지역, 지형, 구분**
Day 13 **과학, 수학**
Day 14 **공부, 책**, 글
Day 15 **학교**

3주

Day 11 자연, 환경

📱 팟캐스트에서 저자의 강의를 들으며 책을 보세요.

☐ 青空が広がる	푸른 하늘이 펼쳐지다
☐ 泉の水	샘물
☐ 海辺を散歩する	해변을 산책하다
☐ 雪が山を覆う	눈이 산을 뒤덮다
☐ 沖に出る	먼 바다로 나가다
☐ 河川の汚染	하천의 오염
☐ 船が岸に着く	배가 물가에 닿다
☐ 湿気に弱い	습기에 약하다 * '湿気(しっき)'라고도 읽는다.
☐ 湿った空気	습한 공기 * 湿(しめ)る : 예외 5단동사(1그룹 동사)
☐ 霜が降りる	서리가 내리다
☐ 水滴がつく	물방울이 맺히다
☐ 峠を越す	고비를 넘다(넘기다)

☐ 七色(なないろ)の虹(にじ)	일곱 빛깔 **무지개**
☐ 日光(にっこう)を浴(あ)びる	**햇볕**을 쬐다
☐ 雪(ゆき)の原(はら)	눈 덮인 **벌판**
☐ 日陰(ひかげ)で乾(かわ)かす	**응달**에서 말리다
☐ 日差(ひざ)しが強(つよ)い	**햇살**이 세다
☐ 日(ひ)の入(い)りを見(み)る	**일몰**을 보다
☐ 日(ひ)の出(で)を待(ま)つ	**일출**을 기다리다
☐ 秋(あき)が更(ふ)ける	가을이 **깊어지다**
☐ 強力(きょうりょく)な吹雪(ふぶき)	강력한 **눈보라**
☐ 火山(かざん)が噴火(ふんか)する	화산이 **분화**하다
☐ 炎(ほのお)に包(つつ)まれる	**불길**에 휩싸이다
☐ 三日月(みかづき)の形(かたち)	**초승달** 모양
☐ きれいな夕焼(ゆうや)け	아름다운 **저녁놀**
☐ 溶岩(ようがん)が流(なが)れる	**용암**이 흐르다
☐ 秋(あき)の紅葉(もみじ)	가을 **단풍**
☐ 夜空(よぞら)の星(ほし)	**밤하늘**의 별
☐ 曇(くも)りのち、快晴(かいせい)	흐린 뒤, **맑음(쾌청)**

☐ 海洋警察	해양 경찰
☐ 人の陰で笑う	다른 사람의 뒤(그림자, 그늘)에서 웃다
☐ 富士山の火口	후지산의 화구
☐ 高気圧・低気圧	고기압/저기압
☐ 公害問題	공해 문제
☐ 水面に映る	수면에 비치다
☐ ナイアガラの滝	나이아가라 폭포
☐ 谷で遊ぶ	계곡에서 놀다
☐ 頂上まで登る	정상까지 오르다
☐ 日が照る	해가 비치다
☐ 灰だらけ・灰皿	재투성이/재떨이
☐ 嵐が止む	폭풍우가 그치다
☐ 水が凍る	물이 얼다 * 氷: 얼음
☐ 気候の変化	기후의 변화
☐ 天然の温泉	천연 온천
☐ 地球温暖化	지구 온난화

- 険しい道 — 험한 길
- 夕立にあう — 소나기를 만나다
- 雷を伴う大雨 — 천둥을 동반한 큰 비
- 爽やかな空気 — 상쾌한 공기
- 天候が寒い — 날씨가 춥다
- 雲が浮かぶ — 구름이 뜨다

연습문제

1 알맞은 어휘에 체크하세요.

① 夏は(ⓐ暑さが ⓑ日差し)が強いので日傘を持って行った方がいい。

② この山は道が(ⓐ険しい ⓑ厳しい)から、登山靴が必要だよ。

③ 池の(ⓐ水上 ⓑ水面)に満月が映ってとてもきれいですね。

④ 地域の開発が進むにつれて、河川の(ⓐ汚染 ⓑ感染)がひどくなった。

⑤ この機械は(ⓐ温度差 ⓑ湿気)に弱いので、風通しのいい場所においてください。

2 괄호 안에 들어갈 어휘를 a·b·c·d·e 중에서 선택하세요.

1

① 雨が上がって、空に七色の (　　　　) がかかった。

② 秋といえばやっぱり (　　　　) が一番ですよ。

③ 1月1日は富士山に登って、今年最初の(　　　　)を見るつもりです。

④ (　　　　)にあって、びしょ濡れになってしまいました。

> ⓐ日の出　ⓑ夕立　ⓒ虹　ⓓ湿気　ⓔ紅葉

2

① 秋の真っ青な空に白い雲が(　　　　)います。
② 池の水が(　　　　)いるのを見ると、今朝は気温がだいぶ下がったみたいだね。
③ 10年ぶりに地元の火山が(　　　　)、慌てて避難しました。
④ 昨日降った雪が、裏山を白く(　　　　)、とてもきれいです。

> ⓐ浮かんで　ⓑ噴火して　ⓒ降って
> ⓓ覆って　ⓔ凍って

정답

1 ①b ②a ③b ④a ⑤b
2 １ ①c ②e ③a ④b　２ ①a ②e ③b ④d

Day 12 지역, 지형, 구분

📱 팟캐스트에서 저자의 강의를 들으며 책을 보세요.

☐ 目印をつける	표시를 하다
☐ 矢印で示す	화살표로 나타내다
☐ アメリカ大陸	미국(아메리카) 대륙
☐ 水が貴重な砂漠	물이 귀중한 사막
☐ 眺めがいい	전망이 좋다
☐ 話の流れ	이야기의 흐름
☐ 緯度が低い	위도가 낮다
☐ 関西を旅行する	관서(교토・오사카 지방)를 여행하다
☐ 寒帯地方	한대 지방
☐ みかんの産地	귤의 산지
☐ 赤道に近い	적도에 가깝다
☐ 東洋の文化	동양의 문화
☐ 島から成る国	섬으로 이루어진 나라

- 南米を訪問する　　　　　　　　　**남미**를 방문하다
- 農村生活　　　　　　　　　　　　**농촌** 생활
- 韓国は半島国家だ　　　　　　　　한국은 **반도**국이다
- 山に囲まれた盆地　　　　　　　　산으로 둘러쌓인 **분지**
- 日本の列島　　　　　　　　　　　일본 **열도**
- 東京湾　　　　　　　　　　　　　도쿄만
- 昔の都　　　　　　　　　　　　　옛 **수도**
- ガンジス川流域　　　　　　　　　갠지스강 **유역**
- 温帯低気圧　　　　　　　　　　　**온대저기압**
- 関東地方　　　　　　　　　　　　**관동** 지방
- 緯度・経度を調べる　　　　　　　**위도/경도**를 조사하다
- 都心から近い　　　　　　　　　　**도심**에서 가깝다
- 故里に帰る　　　　　　　　　　　**고향**으로 돌아가다
- 地盤が沈む　　　　　　　　　　　**지반**이 가라앉다
- 安全地帯　　　　　　　　　　　　안전**지대**
- 境を接する　　　　　　　　　　　**경계**를 접하다
- 水平を取る　　　　　　　　　　　**수평**을 잡다

☐ 水平線(すいへいせん)から昇(のぼ)る朝日(あさひ)	**수평선**에서 떠오르는 아침 해
☐ 地質学(ちしつがく)	**지질학** *'じしつ'로 발음 시, 옷감의 질
☐ 地平線(ちへいせん)に沈(しず)む太陽(たいよう)	**지평선**으로 가라앉는 태양
☐ 南極(なんきょく)のペンギン	**남극**의 펭귄
☐ 北極(ほっきょく)のシロクマ	**북극**의 백곰
☐ 地面(じめん)が凹(へこ)む	지면이 **움푹 들어가다**
☐ 仲(なか)(部屋(へや))を隔(へだ)てる	사이(방)를 **갈라놓다**
☐ 面積(めんせき)を比較(ひかく)する	**면적**을 **비교**하다
☐ 禁煙区間(きんえんくかん)	금연 **구간**
☐ 土地(とち)を区切(くぎ)る	토지를 **구획하다**
☐ 土地(とち)を区分(くぶん)する	토지를 **구분**하다
☐ 色(いろ)の組(く)み合(あ)わせ	색의 **배합**
☐ なだらかな坂(さか)	**완만한** 비탈길

연습문제

1 알맞은 어휘에 체크하세요.

① 砂漠では本当に水が(ⓐ 貴重 ⓑ 貴品)です。
② 大会の(ⓐ 組み合わせ ⓑ 組み立て)が決まったので、これから作戦を立てます。
③ 試験会場が(ⓐ 目印 ⓑ 矢印)で示されているので、それに従って行けばいいです。
④ 西洋人はよく(ⓐ 半島 ⓑ 東洋)の文化は神秘的だと言います。
⑤ 私の家はソウルにありますが、(ⓐ 都心 ⓑ 都会)からは遠いです。

2 괄호 안에 들어갈 어휘를 a·b·c·d·e 중에서 선택하세요.

1

① この前の地震で、この辺りの(　　　　)が沈んでしまった。
② 私の故郷は山に囲まれた(　　　　)なので夏は暑いです。
③ 韓国より日本の方が(　　　　)が広いです。

④ 都会で育った子供たちは（　　　　）生活がどんなものか分からない。

> ⓐ盆地　ⓑ農村　ⓒ地盤　ⓓ故郷　ⓔ面積

2

① (　　　　) に近い国は一般的に気温が高いです。
② 釜山の (　　　　) は名古屋とほぼ同じで、N35°06′です。
③ 温暖化の影響で、(　　　　) の氷が解け始めているそうです。
④ 韓国はイタリアと同様に(　　　　)です。

> ⓐ緯度　ⓑ赤道　ⓒ半島　ⓓ列島　ⓔ北極

정답
1 ①a ②a ③b ④b ⑤a
2 ❶①c ②a ③e ④b　❷①b ②a ③e ④c

Day 13 과학, 수학

📱 팟캐스트에서 저자의 강의를 들으며 책을 보세요.

☐	定規で線を引く	자로 선을 긋다
☐	角度を測る	각도를 재다
☐	蝶の標本	나비의 표본
☐	人工衛星	인공위성
☐	レーザー光線	레이저 광선
☐	液体を混合する	액체를 혼합하다
☐	酸性の土	산성의 흙
☐	重力が働く	중력이 작용하다
☐	水が蒸発する	물이 증발하다
☐	水から水素を作る	물로 수소를 만들다
☐	垂直に立てる	수직으로 세우다
☐	分かりやすい図表	알아보기 쉬운 도표
☐	体積を求める	부피를 구하다
☐	長方形のテーブル	직사각형 테이블

直角に曲げる	직각으로 **구부리다**
3等分にする	3등분 하다
砂糖を水に溶かす	설탕을 물에 **녹이다**
卵を溶く	달걀을 **풀다**
特殊な技術	**특수**한 기술
氷が溶ける	얼음이 **녹다**
濃度が濃い	**농도**가 진하다
化学反応	화학 **반응**
化学物質	화학 **물질**
時計を分解する	시계를 **분해**하다
望遠鏡で星を見る	**망원경**으로 별을 보다
虫を観察する	곤충을 **관찰**하다
構成要素	구성 요소
引力の法則	**인력**의 법칙
円周率	원주율(π)
汗を吸収する	땀을 **흡수**하다
曲線を描く	**곡선**을 그리다

☐ 顕微鏡(けんびきょう)で見る	현미경으로 보다
☐ 原理(げんり)を知る	원리를 알다
☐ 手が凍(こご)える	손이 얼다
☐ 氷(こおり)は個体(こたい)だ	얼음은 고체다
☐ 四角(しかく)な机(つくえ)	네모난(사각) 책상
☐ 磁石(じしゃく)につく	자석에 붙다
☐ 水蒸気(すいじょうき)	수증기
☐ 真空状態(しんくうじょうたい)	진공 상태
☐ 図形(ずけい)を描(か)く	도형을 그리다
☐ いい成分(せいぶん)の配合(はいごう)	좋은 성분의 배합
☐ 正方形(せいほうけい)の部屋(へや)	정사각형의 방
☐ 楕円形(だえんけい)	타원형
☐ 直流(ちょくりゅう)回路(かいろ)	직류 회선
☐ 水(みず)が濁(にご)る	물이 탁해지다
☐ 方程式(ほうていしき)を解(と)く	방정식을 풀다
☐ 摩擦力(まさつりょく)・摩擦(まさつ)が発生(はっせい)する	마찰력/마찰이 발생하다
☐ 偶数(ぐうすう)の集合(しゅうごう)	짝수(우수)의 집합

- **3桁の掛け算** 　　　　　3자리 수의 곱셈 ※桁違い: 현격한 차이
- **軽い気体** 　　　　　　 가벼운 기체

연습문제

1 알맞은 어휘에 체크하세요.

① 冷蔵庫から出しておいたアイスクリームが (ⓐ溶けて ⓑ溶いて) しまった。
② 数学の問題は (ⓐ方程式 ⓑ計算機) を知らないと解けません。
③ 血中のアルコール (ⓐ度数 ⓑ濃度) で飲酒運転かどうかを判断する。
④ 一般的にラクビーボールは (ⓐ円形 ⓑ楕円形) です。
⑤ 水は液体ですが、凍ると (ⓐ固体 ⓑ気体) になります。

2 괄호 안에 들어갈 어휘를 a・b・c・d・e 중에서 선택하세요.

1

① プレゼンテーションでは (　　　　　) があると、聞いている人は分かりやすいです。

② この風船は中に空気より軽い(　　　　)が入っているので、空に昇っていくはずです。

③ 私は2、4、6、8、10といった(　　　　)が好きです。

④ 子供の頃は、よくおもちゃを(　　　　)して、中がどうなっているのか見てみた。

> ⓐ図表　ⓑ濃度　ⓒ気体　ⓓ分解　ⓔ偶数

2

① あまりの寒さに手足が(　　　　)しまいました。

② この服は汗をよく(　　　　)くれますから、登山のときなどに便利です。

③ 晴れの日が続いて、池の水がすべて(　　　　)しまいました。

④ この機械を使って角度を(　　　　)ください。

> ⓐ測って　ⓑ凍えて　ⓒ吸収して　ⓓ蒸発して　ⓔ曲げて

정답

1 ①a ②a ③b ④b ⑤a
2 ❶①a ②c ③e ④d ❷①b ②c ③d ④a

Day 14 공부, 책, 글

📱 팟캐스트에서 저자의 강의를 들으며 책을 보세요.

☐ 推薦図書(すいせんとしょ)	추천 도서
☐ 文明(ぶんめい)の始(はじ)まり	문명의 시작
☐ 材料(ざいりょう)が整(ととの)う	재료가 **갖추어지다**
☐ 2級(きゅう)に合格(ごうかく)する	2급에 합격하다
☐ 本(ほん)を著(あらわ)す	책을 **저술하다**
☐ 読(よ)みやすい活字(かつじ)	읽기 편한 **활자**
☐ 原稿(げんこう)を清書(せいしょ)する	**원고**를 **정서**하다(깨끗하게 다시 쓰다)
☐ 古典文学(こてんぶんがく)	고전 문학
☐ 作者未詳(さくしゃみしょう)	작자 미상
☐ 社会科学(しゃかいかがく)を学(まな)ぶ	**사회 과학**을 배우다
☐ 写生大会(しゃせいたいかい)に出(で)る	**사생** 대회에 나가다
☐ 習字(しゅうじ)を習(なら)う	**습자**를 배우다
☐ 四字熟語(よじじゅくご)	사자 **숙어**
☐ 書物(しょもつ)を編集(へんしゅう)する	책을 **편집**하다

☐ 図鑑を調べる	도감을 찾아보다
☐ 題名が分からない	제목을 모르다
☐ 短編映画	단편 영화
☐ 著書を紹介する	저서를 소개하다
☐ 偉人の伝記を読む	위인의 전기를 읽다
☐ 主語と同格の言葉	주어와 동격인 말
☐ 動詞を覚える	동사를 외우다
☐ 名作童話	명작 동화
☐ 百科事典を調べる	백과사전을 찾아보다
☐ 文章符号	문장 부호
☐ 漢字の部首	한자의 부수
☐ 独特な文体	독특한 문체
☐ 文脈で判断する	문맥으로 판단하다
☐ 新聞の見出し	신문의 표제
☐ これまでのあらすじ	지금까지의 줄거리
☐ そろばんを習う	주판을 배우다
☐ 本の目次	책의 목차

英和辞書(えいわじしょ)	영일(영어-일본어) 사전
括弧(かっこ)をつける	괄호를 치다
世界(せかい)の傑作(けっさく)	세계의 **걸작**
項目(こうもく)を記入(きにゅう)する	**항목**을 기입하다
索引(さくいん)を引(ひ)く	**색인**을 찾다
自然科学(しぜんかがく)を専攻(せんこう)する	**자연 과학**을 전공하다
本(ほん)を執筆(しっぴつ)する	책을 **집필**하다
書籍(しょせき)を読(よ)む	**서적**을 읽다
随筆(ずいひつ)を書(か)く	**수필**을 쓰다
小説(しょうせつ)の著者(ちょしゃ)	소설의 **저자**
新聞(しんぶん)に投書(とうしょ)する	신문에 **투고(투서)**하다
筆者(ひっしゃ)の考(かんが)え	**필자**의 생각
勉強(べんきょう)に集中(しゅうちゅう)する	공부에 **집중**하다

연습문제

1 알맞은 어휘에 체크하세요.

① 最近は、製作費の安い (ⓐ 短編 ⓑ 短調) 映画も人気があります。

② 『罪と罰』のだいたいの (ⓐ 文章 ⓑ あらすじ) は知っているんですが、詳しい内容は知りません。

③ 本屋にはたくさんの (ⓐ 書類 ⓑ 書籍) が並んでいる。

④ 幼い頃に、世界の名作 (ⓐ 童話 ⓑ 子供話) をたくさん読むのはいいことです。

⑤ 言葉の意味を調べるには (ⓐ 索引 ⓑ 項目) を引くのが早いですよ。

2 괄호 안에 들어갈 어휘를 a・b・c・d・e 중에서 선택하세요.

1

① 新聞では (　　　　) が重要で、全体の内容が一目で分かるように工夫してあります。

② 私は子供の頃、偉人の (　　　　) をたくさん読みました。

③ この文章に(　　　　)の考え方がよく表れています。

④ 春樹の作品は(　　　　)が独特なのが特徴です。

> ⓐ伝記　ⓑ著者　ⓒ文体　ⓓ著書　ⓔ見出し

2

① 時々、社会的問題について自分の意見を新聞に(　　　　)します。

② トルストイの『戦争と平和』は世界的な(　　　　)だと言えます。

③ 私は本を選ぶとき、全体が分かるようにまず(　　　　)を見ます。

④ 学生時代に読んで感動した本の(　　　　)が思い出せない。

> ⓐ傑作　ⓑ目次　ⓒ投稿　ⓓ童話　ⓔ題名

정답

1 ①a ②b ③b ④a ⑤a
2 **1** ①e ②a ③b ④c　**2** ①c ②a ③b ④e

Day 15 학교

팟캐스트에서 저자의 강의를 들으며 책을 보세요.

□ 成績が向上する	성적이 **향상**되다
□ 単位を取る	**학점**을 따다
□ 1年3組	1학년 3반
□ 先輩から教わる	선배에게 **배우다**
□ 会長を選ぶ	회장을 뽑다
□ 英語の書き取り	영어 **받아쓰기**
□ 学年別に分ける	**학년별**로 나누다
□ 課題を与える	**과제**를 주다
□ 学会に出席する	**학회**에 출석하다
□ 修士課程	석사 과정
□ 教員免許	교원 자격증(면허)
□ 校庭に集合する	교정에 **집합**하다
□ 高等教育	고등 교육
□ 娯楽番組	**오락** 방송

☐	献立を作る	식단을 짜다
☐	在学証明書	재학 증명서
☐	答案を採点する	답안을 채점하다
☐	雑談を交わす	잡담을 나누다
☐	騒がしい教室	소란스러운 교실
☐	現場で実習する	현장에서 실습하다
☐	小学生の頃	초등학생 시절
☐	大学の助教授	대학 조교수
☐	墨をする	먹을 갈다
☐	正解を出す	정답을 내다
☐	大学院を卒業する	대학원을 졸업하다
☐	童謡を歌う	동요를 부르다
☐	鐘を鳴らす	종을 울리다
☐	俳句を作る	하이쿠를 짓다
☐	博士論文	박사 논문
☐	講義を筆記する	강의를 필기하다
☐	問答を交わす	문답을 주고받다

☐	試験に落第する	시험에 **낙제**하다
☐	寮で生活する	**기숙사**에서 생활하다
☐	試験で零点をとる	시험에서 **영점**을 받다
☐	先生に言い付ける	선생님에게 **고자질하다**
☐	建築学概論	건축학**개론**
☐	学術協会	**학술** 협회
☐	学科を選ぶ	**학과**를 선택하다
☐	学級討論会	**학급 토론회**
☐	授業を休講する	수업을 **휴강**하다
☐	小学校の校舎	초등학교 **교사(학교 건물)**
☐	掃除当番	청소 **당번**
☐	自転車で通学する	자전거로 **통학**하다
☐	奨学金をもらう	**장학금**을 받다
☐	学部を選ぶ	**학부**를 선택하다

1 알맞은 어휘에 체크하세요.

① うちの大学では1年に最低40 (ⓐ 単位 ⓑ 学点) を取らなければならない。
② 大学を卒業したら、(ⓐ 碩士課程 ⓑ 修士課程) に進むつもりです。
③ 私は今年入学したので、大学 (ⓐ 1年生 ⓑ 1学年) です。
④ 外国語を学ぶときは、聞いて書く (ⓐ 聞き取り ⓑ 書き取り) の練習が重要です。
⑤ 塾に通うようになって、成績が (ⓐ 向上 ⓑ 上昇) しました。

2 괄호 안에 들어갈 어휘를 a・b・c・d・e 중에서 선택하세요.

1

① 海外研修に申請するには、大学生であることを証明する (　　　　) が必要です。
② 家が遠くて大学に通えないので、私は (　　　　) で生活をしています。

③ 子供の栄養を考慮しながら (　　　　) を作るのは大変です。

④ 先生になるためには教育 (　　　　) をしなければなりません。

> ⓐ 寮　ⓑ 献立　ⓒ 在学証明書　ⓓ 実習　ⓔ 寄宿舎

2

① 大学を選ぶのも重要ですが、自分に合った (　　　　) を選ぶのも重要です。

② 討論の目的は (　　　　) を出すことではなく、皆で考えることです。

③ 試験の後、答案の (　　　　) をするのは先生の仕事です。

④ 先生は各自に (　　　　) を与えて、勉強してくるように言いました。

> ⓐ 学科　ⓑ 課題　ⓒ 筆記　ⓓ 採点　ⓔ 正解

정답

1 ①a ②b ③a ④b ⑤a
2 **1** ①c ②a ③b ④d   **2** ①a ②e ③d ④b

1 (　　) に入れるのに最もよいものを、a・b・c・d から一つえらびなさい。

① ソウルタワーから見る (　　　　) は本当にすばらしい。

　ⓐ 眺め　ⓑ 願望　ⓒ 展望　ⓓ 見渡し

② 朝起きたら、裏山が雪で真っ白に (　　　　) いた。

　ⓐ 覆って　ⓑ 塞いで　ⓒ 覆われて　ⓓ かぶせて

③ (　　　　) が分かれば、何にでも応用することができます。

　ⓐ 円周率　ⓑ 原理　ⓒ 物質　ⓓ 標本

④ 彼女と二人で夜明けに海に行って (　　　　) を待った。

　ⓐ 夕焼け　ⓑ 日の出　ⓒ 日光　ⓓ 日の入り

⑤ 私は (　　　　) の頃、生徒会の会長をしました。

　ⓐ 幼稚園　ⓑ 国民学校　ⓒ 学校　ⓓ 小学生

⑥ 天気予報によると、明日は（　　　　　）に覆われるので雨が降るそうです。

　ⓐ 低気圧　ⓑ 湿気　ⓒ 高気圧　ⓓ 嵐

⑦ 高いところから物を落とすと、（　　　　　）どんどんスピードが速くなる。

　ⓐ 重力が動いて　　　　ⓑ 摩擦が起きて
　ⓒ 空気の抵抗で　　　　ⓓ 重力が働いて

⑧ だいたいの内容を（　　　　　）で判断して、質問に答えた。

　ⓐ 文脈　ⓑ 活字　ⓒ 文体　ⓓ 書籍

2 説明に最も合う言葉を、a・b・c・d から一つえらびなさい。

① 秋になって、木の葉の色が美しい色に変わる。

　ⓐ 落ち葉　ⓑ 発芽　ⓒ 紅葉　ⓓ 枯れ木

② 小説・演劇・映画などのだいたいの内容、ストーリー。

　ⓐ あらすじ　ⓑ 見出し　ⓒ 目次　ⓓ 索引

③ 数学などで、解答を得るための決まったやり方。

　ⓐ 常識　ⓑ 解答　ⓒ 方程式　ⓓ 知識

④ 夏の午後に降る激しいにわか雨。

　ⓐ 夕闇　ⓑ 夕立　ⓒ 夕日　ⓓ 夕焼け

3 ＿＿＿＿＿に最も意味が近いものを、a・b・c・dから一つえらびなさい。

① 秋が<u>更ける</u>。

　ⓐ 過ぎる　ⓑ 深まる　ⓒ 繰り返す　ⓓ 始まる

② 残念ながら、試験に<u>落第した</u>。

　ⓐ 及第した　ⓑ 落ちた　ⓒ 受かった　ⓓ 受けた

③ 本を<u>執筆する</u>。

　ⓐ 制作する　ⓑ 選ぶ　ⓒ 書く　ⓓ 読む

④ 原稿を<u>清書する</u>。

　ⓐ ゆっくり書く　　　ⓑ 活字で書く
　ⓒ はっきり書く　　　ⓓ きれいに書き直す

4 つぎのことばの使い方として最もよいものを、a・b・c・dから一つえらびなさい。

① 目印をつける
   ⓐ 探しやすいように地図に目印をつけておきました。
   ⓑ この商品は目印をつけているから安心です。
   ⓒ 目印をつけて行けば、目的地に着きますよ。
   ⓓ ただ勉強するんじゃなくて、目印をつけて勉強しなさい。

② 凹む
   ⓐ 水平線は水面が凹んでいる。
   ⓑ みんな、凹んだ人は、目に付く。
   ⓒ 凹むことは決して恥ずかしくない。
   ⓓ 友達とけんかして気分が凹んだ。

③ 騒がしい
   ⓐ 明日から旅行に出かけるので、今日は心が騒がしい。
   ⓑ 先生がいないからか、教室が騒がしい。
   ⓒ 騒がしい人はみんなから信頼されます。
   ⓓ 何か騒がしいことがあったら言ってください。

④ 峠を越す
   ⓐ 昨日は山で峠を越しました。
   ⓑ いつも運動をして峠を越しています。
   ⓒ 勉強は峠を越すより大変です。
   ⓓ 今年の冬は本当に寒かったが、峠を越しました。

＊정답은 300쪽을 확인하세요.

Day 16 **시기, 일정**
Day 17 **수, 양, 정도**
Day 18 **순서, 무엇, 속도**
Day 19 **위치, 장소**
Day 20 **교통(수단), 방향**

Day 16 시기, 일정

팟캐스트에서 저자의 강의를 들으며 책을 보세요.

□ **至急**お返事ください   **빠른** 답변 부탁드립니다

□ 一時**以降**に到着する   1시 **이후**에 도착하다

□ **期限**を**延長**する   **기간**을 **연장**하다

□ **原始**的な生物   **원시**적인 생물

□ **今日**の科学   **오늘날**의 과학

□ **祭日**は**お休み**です   축제일(신사의 제사가 있는 날)은 **휴업**입니다

□ 勉強の**最中**に   **한창** 공부하는 **중**에

□ 桜は今が**盛り**だ   벚꽃은 지금이 **한창때**이다

□ **生年月日**を書く   **생년월일**을 쓰다

□ **西暦**で年を表す   **서기**로 해를 표시하다

□ **近頃**の若者   **요즘** 젊은이들

□ **朝刊**新聞   **조간** 신문

□ **月日**がたつ   **세월**이 흐르다

本日は**定休日**です	금일은 **정기 휴일**입니다
永い**眠**りにつく	**영원히** 잠들다
20世紀の**半**ば	20세기 **중반**
出発の**日時**	출발 **일시**
日課を始める	**일과**를 시작하다
日程がつまっている	**일정**이 꽉 차있다
年度がかわる	**연도**가 바뀌다
結婚できる**年齢**	결혼할 수 있는 **연령**
晴れ**後**曇り	맑은 **뒤** 흐림
幸せな**日々**	행복한 **나날**
曜日を忘れる	**요일**을 잊다
腰掛に働く	**임시**로 일하다
こないだ会った人	**요전**에 만난 사람
彼は**とっくに**帰った	그는 **한참 전에** 돌아갔다
時期をずらす	**시기**를 늦추다
改めて連絡する	**다시** 연락하다

□ **一瞬**の判断 <small>いっしゅん はんだん</small>	**한순간**의 판단
□ **一定**期間 <small>いってい きかん</small>	**일정** 기간
□ **永久**に忘れない <small>えいきゅう わす</small>	**영원히** 잊지 않다
□ **過程**より**結果** <small>かてい けっか</small>	**과정**보다 **결과**
□ **元日**の日の出 <small>がんじつ ひ で</small>	**설날(1월1일)**의 해돋이
□ **近代**美術 <small>きんだい びじゅつ</small>	**근대** 미술
□ 日の**暮**れ <small>ひ く</small> 秋の**暮**れ <small>あき く</small>	해 **질 녘** **늦**가을
□ **月末**払い <small>げつまつばら</small>	**월말** 지불
□ **使用**後記 <small>しようこうき</small>	**사용** 후기
□ この**際**だから**言**っておく <small>さい い</small>	이 **기회**에 말해 두다
□ **先**ほどのメール <small>さき</small>	**조금 전**의 메일
□ 7月**初旬** <small>がつしょじゅん</small>	7월 **초순(상순)**
□ 江戸時代の**前期** <small>えどじだい ぜんき</small>	에도시대 **전기**
□ **中世**の歴史 <small>ちゅうせい れきし</small>	**중세** 역사
□ **長時間**働く <small>ちょうじかんはたら</small>	**장시간** 일하다
□ **夕刊**新聞 <small>ゆうかんしんぶん</small>	**석간** 신문

- 現在に至る　　　　　　現재에 이르다

연습문제

1 알맞은 어휘에 체크하세요.

① 「この (ⓐ場 ⓑ際) だから言っておくけど、私はあなたと結婚する気はぜんぜんないの。」
② 勉強の (ⓐ最中 ⓑ熱中) に電話がかかってきて、邪魔されてしまった。
③ 今日は一日中 (ⓐ日定 ⓑ日程) がつまっていて、会えません。
④ 「田中君いますか。」「彼はもう (ⓐとっくに ⓑとっさに) 帰りましたよ。」
⑤ 私は5年前にこの会社に入社して、現在に (ⓐなって ⓑ至って) います。

2 괄호 안에 들어갈 어휘를 a·b·c·d·e 중에서 선택하세요.

1

① 車を運転できる (　　　　) は20歳からです。
② 「夕方、家にいませんので、電話は8時 (　　　　) にお願いします。」
③ 相手の会社の都合で、着工の (　　　　) をずらしました。

④ 年を取ると(　　　　　)がたつのが本当に早く感じられる。

| ⓐ時期 | ⓑ年齢 | ⓒ月日 | ⓓ以降 | ⓔ日課 |

2

① 日本では和暦を使いますが、日本以外では普通(　　　　　)で年を表します。

② 今週は忙しくて、(　　　　　)が全部つまっています。

③ 明日は(　　　　　)なので、皆でどこかに遊びに行こう。

④ (　　　　　)の若者は本当に礼儀を知らない。

| ⓐ近頃 | ⓑ祭日 | ⓒ日程 | ⓓ課程 | ⓔ西暦 |

정답

1 ①b ②a ③b ④a ⑤b
2 1 ①b ②d ③a ④c 2 ①e ②c ③b ④a

Day 17 수, 양, 정도

팟캐스트에서 저자의 강의를 들으며 책을 보세요.

□ 人口が増加する	인구가 **증가**하다
□ 限りがない	**끝**이 없다
□ 知識を広める	**지식**을 **넓히다**
□ 無限の可能性	**무한**의 가능성
□ バッテリーを消耗する	배터리를 **소모**하다
□ サイズを縮める	사이즈를 **줄이다**
□ 適する条件	**적당한** 조건
□ 比較的簡単な仕事	**비교적 간단**한 일
□ 川が溢れる	강이 **넘치다**
□ 回数を重ねる	**횟수**를 거듭하다
□ 注文が激増する	주문이 **급증**하다
□ 千人を超す	천 명을 **넘다**
□ 四捨五入する	**반올림**을 하다
□ 小数の足し算	**소수**의 덧셈

☐ 水準(すいじゅん)が高(たか)い	**수준**이 높다
☐ 人口(じんこう)の**増減(ぞうげん)**	인구의 **증감**
☐ **大小(だいしょう)**を**問(と)**わず	**대소**를 가리지 않고
☐ **大半(たいはん)**を**占(し)**める	**대부분**을 **차지하다**
☐ **適度(てきど)**な温度(おんど)	**알맞은** 온도
☐ **残(のこ)**らず**売(う)**れる	**남김없이** 팔리다
☐ 個人差(こじんさ)が**甚(はなは)だしい**	개인차가 **심하다**
☐ **一通(ひととお)**り説明(せつめい)を聞(き)く	**대강** 설명을 듣다
☐ **膨大(ぼうだい)**な資料(しりょう)	**방대한** 자료
☐ **豊富(ほうふ)**な資源(しげん)	**풍부한** 자원
☐ 身(み)の**程(ほど)**を知(し)らない	자기 **분수(정도)**를 모르다
☐ **枚数(まいすう)**を数(かぞ)える	**장수**를 세다
☐ 人口(じんこう)が**増(ま)す**	인구가 **늘다**
☐ **物差(ものさ)し**で**測(はか)る**	**자**로 **재다**
☐ **容積(ようせき)**が少(すく)ない	**용량**이 적다
☐ **予備(よび)**の**食糧(しょくりょう)**	**예비 식량**

☐ 余分がない	여분이 없다
☐ 二つに分かれる	2개로 나뉘다
☐ まあまあの成績	그저 그런 성적
☐ ほんの少し	아주 조금
☐ ものすごい寒さ	굉장한 추위
☐ 無数の星	무수한 별
☐ 唯一の証言者	유일한 증언자
☐ 過半数を占める	과반수를 차지하다
☐ ビタミンの過剰摂取	비타민의 과다(과잉) 섭취
☐ 巨大な岩	거대한 바위
☐ 再三注意する	여러 번(재삼) 주의를 주다
☐ 重量をオーバーする	중량을 초과하다
☐ 正味3キロ	정미(알맹이의 무게) 3킬로그램
☐ 寸法を取る	치수(길이)를 재다
☐ 三人称単数	3인칭 단수
☐ 三人称複数	3인칭 복수
複数の写真をまとめる	복수의 사진을 정리하다

- 直径を測る (ちょっけい はかる) — 직경(지름)을 재다
- 分量が少ない (ぶんりょう すくない) — 분량이 적다
- 一つ余る (ひとつ あまる) — 한 개 남다

연습문제

1 알맞은 어휘에 체크하세요.

① 試験の成績が (ⓐ そうそう　ⓑ まあまあ) だったので、ちょっと安心しました。
② 大雨が降って、近くの川が (ⓐ 溢れて　ⓑ こぼれて) しまいました。
③ 昼休みを除いて (ⓐ 正味　ⓑ 実体) 8時間働きました。
④ 店長に「一個 (ⓐ 残らず　ⓑ 残って) 全部売ってください。」と言われた。
⑤ りんごは (ⓐ 大小　ⓑ 小大) を問わず、同じ値段です。

2 괄호 안에 들어갈 어휘를 a·b·c·d·e 중에서 선택하세요.

1

① 日本に留学したいという人が、クラスの (　　　) を占めました。
②「お前は新入社員のくせに (　　　) を知らないのか。」と叱られた。

③ 皆にあげたいんですが、(　　　　) が一つもないです。
④ 若者には (　　　　) の可能性があります。

> ⓐ無限　ⓑ余分　ⓒ大半　ⓓ身の程　ⓔ限度

2

① 服が大きすぎるので、少しサイズを (　　　　) ください。
② 留学を希望する人が予定の人数を (　　　　) しまいました。
③ 教師という仕事が自分に (　　　　) いるかどうか分かりません。
④ ケーキが一つ (　　　　) いるので、ほしい人がいればあげますよ。

> ⓐ適して　ⓑ余って　ⓒ超して　ⓓ買って　ⓔ縮めて

정답

1 ①b ②a ③a ④a ⑤a
2 **1** ①c ②d ③b ④a **2** ①e ②c ③a ④b

Day 18 순서, 무엇, 속도

📱 팟캐스트에서 저자의 강의를 들으며 책을 보세요.

☐ 次第に回復する	차츰 회복하다
☐ 徐々に加速する	서서히 **가속**하다
☐ 加速度がつく	**가속도**가 붙다
☐ 基礎から学ぶ	**기초**부터 배우다
☐ 急激な変化	**급격**한 변화
☐ 急速な発展	**급속**한 발전
☐ 時速100キロ	**시속** 100킬로미터
☐ 速力を出す	**속력**을 내다
☐ 契約を継続する	계약을 **계속**하다
☐ 後者を選ぶ	**후자**를 고르다
☐ 前者を選ぶ	**전자**를 고르다
☐ 選手を交替する	선수를 **교체**하다
☐ 交代に休む	**교대**로 쉬다
☐ 始終何かを食べている	**끊임없이** 뭔가를 먹고 있다

事前に調査する	사전에 조사하다
順々に入場する	차례차례 입장하다
安全が第一だ	안전이 제일이다
次の段階に移る	다음 단계로 넘어가다
中途であきらめる	중도에 포기하다
地震に次いで火事が起こる	지진에 이어 화재가 일어나다
東京に次ぐ大都市	도쿄에 다음가는(이은) 대도시
同時にスタートする	동시에 시작하다
見た途端に泣き出す	보자마자 울기 시작하다
何々を食べる	무엇무엇을 먹다
何も知らない	아무것도 모른다
何でもいい	무엇이든 괜찮다
何とも言えない	뭐라고 말할 수 없다
過去にさかのぼる	과거로 거슬러 올라가다
返信を催促する	답장을 재촉하다
漢字の正しい書き順	한자의 바른 필순
手入れの順序	손질 순서

□ 末っ子	막내(마지막 아이)
□ メーク前後	메이크업(화장) 전후
□ 頂点に達する	정점에 달하다
□ 何で喧嘩したの？	왜(어째서) 싸웠니?
□ 本来の意味が分かる	본래의 의미를 알다
□ 最終面接の結果	최종 면접 결과

 연습문제

1 알맞은 어휘에 체크하세요.

① 結果がどうなるかはまだ (ⓐ 何かと ⓑ 何とも) 言えません。

② 社会の (ⓐ 急激な ⓑ 急変) な変化にとてもついていけません。

③ 大阪は東京に (ⓐ 次ぐ ⓑ 対する) 大都市です。

④ 漢字を覚えるときは、その (ⓐ 書き順 ⓑ 書き取り) も一緒に覚えよう。

⑤ 不正な収入を過去に (ⓐ 帰って ⓑ さかのぼって) 調査する予定です。

2 괄호 안에 들어갈 어휘를 a·b·c·d·e 중에서 선택하세요.

1

① 不断の努力の結果、ついに(　　　　)に立ちました。

② 今度の製品が売れるかどうか、(　　　　)に調査しておく必要があります。

③ 一つずつ着実にこなして、次の(　　　　)に移るようにしています。

④ 試験の準備をしたが、余りにも難しくて(　　　　)であきらめてしまった。

| ⓐ 事前 | ⓑ 途中 | ⓒ 限界 | ⓓ 段階 | ⓔ 頂点 |

2

① 監督は選手の長所を見きわめて、(　　　　)使っている。

② 一番いい勉強法は、毎日(　　　　)やることです。

③「そんなに借金の返済を(　　　　)、負担をかけるなよ。」

④ 最初はゆっくりで、徐々に(　　　　)ください。

| ⓐ 催促して | ⓑ 継続して | ⓒ わたって |
| ⓓ 加速して | ⓔ 交替して |

정답

1 ①b ②a ③a ④a ⑤b
2 **1** ①e ②a ③d ④b　**2** ①e ②b ③a ④d

Day 19 위치, 장소

팟캐스트에서 저자의 강의를 들으며 책을 보세요.

市民会館	시민 **회관**
屋外広告	**옥외** 광고
担当区域	담당 **구역**
近くに消防署がある	근처에 **소방서**가 있다
針路がそれる	**침로(나아갈 길)**을 벗어나다
隙間から覗く	**틈**으로 **엿보다**
台風が接近する	태풍이 **접근**하다
転々と移動する	**여기저기** 이동하다
灯台が海を照らす	**등대**가 바다를 **비추다**
所々ベンチがある	**군데군데** 벤치가 있다
番地を確認する	**번지**를 확인하다
出会いの広場	만남의 **광장**
現場付近	현장 **부근**
便所に行く	**변소**에 가다

☐ **待合室**で**待**つ	대합실에서 기다리다
☐ **待**ち**合**わせの**場所**	만나기로 한 장소
☐ **行列**の**真**っ**先**にいる	행렬의 맨 앞에 있다
☐ **物置**にしまう	헛간에 넣다
☐ **山**のふもと	산기슭
☐ **行方**不明	행방불명
☐ キャンパス**移転**	캠퍼스 이전
☐ **深**い**井戸**	깊은 우물
☐ **険**しい**丘**に**登**る	험준한 언덕을 오르다
☐ **改札口**	개찰구
☐ **全国各地**	전국 각지
☐ 3**箇所**に**設置**する	3곳(군데, 자리)에 설치하다
☐ **作戦基地**	작전 기지
☐ **客席**案内	객석 안내
☐ **空中**に**浮**かぶ	공중에 뜨다
☐ **小屋**で**暮**らす	오두막에서 살다

☐ 下町を歩く	상점가를 걷다
☐ 倉庫に入れておく	창고에 넣어 두다
☐ 工業団地	공업 단지
☐ 近寄ると逃げる	가까이 가면 도망친다
☐ 出発地点	출발 지점
☐ 鉄橋を渡る	철교를 건너다
☐ 塔を建てる	탑을 세우다
☐ 斜向い	비스듬히 앞쪽(앞의 옆)
☐ 噴水ショー	분수 쇼
☐ 堀を巡る	수로(해자)를 순회하다
☐ 岬から見た日の出	갑(곶)에서 본 일출
☐ この辺りにある	이 부근에 있다
☐ 道の端を歩く	길가를 걷다

연습문제

1 알맞은 어휘에 체크하세요.

① 娘が昨日から (ⓐ 行方不明　ⓑ 行先不明) で心配しています。
② 危ないですから道の (ⓐ 横　ⓑ 端) を歩いてください。
③ 今、ちょうど汽車が (ⓐ 鉄橋　ⓑ 陸橋) を渡ろうとしています。
④ 公園の (ⓐ 所々　ⓑ そこあそこ) にベンチが設置してあります。
⑤ 友達と5時に駅の前で (ⓐ 約束　ⓑ 待ち合わせ) しました。

2 괄호 안에 들어갈 어휘를 a·b·c·d·e 중에서 선택하세요.

1

① 「お呼びするまで (　　　　　) でお待ちください。」
② 使っていない部屋は今 (　　　　　) として使っています。

③ うちの叔父は近くの工業 (　　　　) で働いています。

④ 父親の仕事の関係で、子供のころ家を (　　　) としました。

> ⓐ待合室　ⓑ転々　ⓒ団地　ⓓ基地　ⓔ物置

2

① 空中に (　　　　) いるのは、器具を搭載したドローンです。

② 船の事故がないように、港の灯台が海を (　　　) います。

③ 子供が窓の隙間から中の様子を (　　　　) います。

④ 台風21号が名古屋港に (　　　　) いますから、注意してください。

> ⓐ浮かんで　ⓑ覗いて　ⓒ照らして　ⓓ削って　ⓔ接近して

정답

1 ①a ②b ③a ④a ⑤b
2 **1** ①a ②e ③c ④b　**2** ①a ②c ③b ④e

Day 20 교통(수단), 방향

팟캐스트에서 저자의 강의를 들으며 책을 보세요.

☐ 日本は**南北**に**長**い	일본은 **남북**으로 길다
☐ 道路を**拡張**する	도로를 **확장**하다
☐ **集合**の**合図**	**집합 신호**
☐ **運河**を**開通**する	**운하**를 **개통**하다
☐ 次の駅で**下車**する	다음 역에서 **하차**하다
☐ **公共交通機関**	**대중교통 기관(공공 교통 기관)**
☐ **交通巡査**	교통경찰
☐ **正面衝突**	정면**충돌**
☐ **すれ違う**カップル	(사이가) 엇갈리는 커플
☐ 友達と**すれ違う**	친구와 **스쳐 지나가다**
☐ ゆっくり**前進**する	천천히 **전진**하다
☐ **通路**を**塞ぐ**	**통로를 막다**
☐ 車の**出入**りが多い	차가 많이 **드나들다**
☐ **凸凹**の道	**울퉁불퉁한** 길

□ 行動半径	행동 반경
□ 道路標識	도로 표지
□ 防犯カメラ	방범 카메라
□ 東京方面に向かう	도쿄 방면으로 향하다
□ 街角のビル	길모퉁이의 빌딩
□ 道順を聞く	가는 길을 묻다
□ 輸送を受け持つ	수송을 담당하다
□ 路線が変わる	노선이 바뀌다
□ 車が人をひく	차가 사람을 치다
□ 回転寿司	회전 초밥
□ 交差点を渡る	교차로(점)를 건너다
□ 逆さになる	거꾸로 되다
□ 逆様に落ちる	거꾸로 떨어지다
□ 電車が脱線する	전철이 탈선하다
□ 突き当りを左へ曲がる	막다른 길을 왼쪽으로 돌다
□ 突き当たるまで行く	막다른 곳에 이르기까지 가다
□ 車を停止する	자동차를 정지하다

☐ 東西南北	동서남북
☐ 部屋の方角	방의 방향
☐ バスに乗車する	버스에 승차하다
☐ 電車を乗り過ごす	전철을 타고 가다가 목적지를 지나치다
☐ トラックを追い越す	트럭을 추월하다
☐ 相手に追いつく	상대를 따라잡다
☐ 駅前の大通り	역 앞의 큰 길
☐ 回り道して帰る	길을 돌아서 돌아가다(돌아오다)
☐ 私鉄に乗る	사철을 타다
☐ 鉄道の線路	철도의 선로
☐ 来た道を引き返す	왔던 길을 되돌아가다

1 알맞은 어휘에 체크하세요.

① この辺りは犯罪が多いので (ⓐ防犯カメラ　ⓑ保安カメラ) がたくさん設置されている。

② 先生が集合の (ⓐ合図　ⓑ指示) をしたので、学生たちが戻ってきました。

③ 次の駅で (ⓐ降車　ⓑ下車) しますから、みんな準備してください。

④ 居眠りしていて電車を (ⓐ乗り換えて　ⓑ乗り過ごして) しまいました。

⑤ ちょっとの差で、二人は (ⓐ離れて　ⓑすれ違って) 会えなかった。

2 괄호 안에 들어갈 어휘를 a·b·c·d·e 중에서 선택하세요.

1

① 週末はお客様の (　　　　　) が激しくて、とても忙しいです。

② 通行人に映画館へ行く (　　　　　) を聞きました。

③ 都市計画で、狭かった道が(　　　　)されました。

④ 誰かが私を尾行しているみたいなので、わざと(　　　　)をして家に帰りました。

> ⓐ拡張　ⓑ道順　ⓒ出入り　ⓓ逆道　ⓔ回り道

2

① 車が人を(　　　　)、そのまま逃げて行ってしまった。

② 一生懸命に努力して、早く先輩に(　　　　)ほしい。

③ 工事中のため、警備員が道を(　　　　)いる。

④ せっかく来たのに、図書館が休館で学生たちが(　　　　)行った。

> ⓐ塞いで　ⓑひいて　ⓒ追いついて
> ⓓ曲がって　ⓔ引き返して

정답

1 ①a ②a ③b ④b ⑤b
2 ❶①c ②b ③a ④e　❷①b ②c ③a ④e

1 (　　) に入れるのに最もよいものを、a・b・c・d から一つえらびなさい。

① 同じクラスといっても英語の実力は個人差が (　　　　)。

  ⓐ ひどい　ⓑ すばらしい　ⓒ 甚だしい　ⓓ めざましい

② 病院は映画館の隣ではなく (　　　　) にあります。

  ⓐ 斜向い　ⓑ 横　ⓒ 間　ⓓ 上

③ 私は３人兄弟の (　　　　) で、いつも２人の兄にいじめられました。

  ⓐ 長男　ⓑ 次男　ⓒ 末っ子　ⓓ 前子

④ いつものバスに乗ったのに、(　　　　) が変わったようで知らないところに来てしまった。

  ⓐ 路線　ⓑ 時間表　ⓒ 料金　ⓓ 路上

⑤ 私の家族は (　　　　) に初詣をして、一年間の健康をお祈りします。

  ⓐ 年末　ⓑ 週末　ⓒ 元旦　ⓓ お盆

⑥ 私は小学校の６年３組を（　　　　）います。

　ⓐ 受け持って　ⓑ やらせて　ⓒ 勝ち取って　ⓓ 任せて

⑦ 友達と5時に駅の前で（　　　　）したのですが、６時になってもまだ来ません。

　ⓐ 約束　ⓑ 待合　ⓒ 待ち合わせ　ⓓ 再会

⑧ 私は２年前に妻と結婚して現在に（　　　　）います。

　ⓐ 至って　ⓑ なって　ⓒ 生きて　ⓓ して

2 説明に最も合う言葉を、a・b・c・d から一つえらびなさい。

① 動作とか状態が現在、進行していること。

　ⓐ 盛り　ⓑ 最中　ⓒ 途中　ⓓ 過程

② 自分の身分や能力などの程度。

　ⓐ 自我　ⓑ 自覚　ⓒ 身内　ⓓ 身の程

③ 駅に設置されていて、乗客が出入りする口。

　ⓐ 乗務室　ⓑ 改札口　ⓒ プラットホーム　ⓓ 乗り換え線

④ 通路が行き詰まって、それ以上まっすぐ進めなくなった所。

ⓐ 坂道　ⓑ 細道　ⓒ 行き付け　ⓓ 突き当り

3 _____ に最も意味が近いものを、a・b・c・dから一つえらびなさい。

① 見た<u>途端</u>、泣き出した。

ⓐ 見ただけで　　　　ⓑ 見ないで
ⓒ 見るや否や　　　　ⓓ 見るまでもなく

② 生徒には<u>再三</u>注意した。

ⓐ 三度も　ⓑ 厳重に　ⓒ 繰り返し　ⓓ 厳しく

③ 彼は<u>とっくに</u>帰りました。

ⓐ さっき　　　　ⓑ ちょっと前に
ⓒ ちょっと先に　ⓓ だいぶ前に

④ 経済が<u>次第に</u>回復してきている。

ⓐ 完全に　ⓑ 徐々に　ⓒ やっと　ⓓ 思ったより

4 つぎのことばの使い方として最もよいものを、a・b・c・dから一つえらびなさい。

① 近寄る
　ⓐ 試験が近寄ると本当に緊張します。
　ⓑ 家に近寄るところに、コンビニがあります。
　ⓒ 年が近寄ると誰でも仲良くなれます。
　ⓓ 野生のさるは近寄ると危ないですよ。

② 永い眠りにつく
　ⓐ「永い眠りにつく前に、必ず歯を磨きなさいね。」
　ⓑ 私の祖父は去年、90歳で永い眠りにつきました。
　ⓒ 週末は疲れているのでいつも永い眠りにつきます。
　ⓓ 子供は早く永い眠りにつきましょう。

③ すれ違う
　ⓐ 勘違いして答えがすれ違ってしまった。
　ⓑ 些細なことで彼とはすれ違ってばかりいます。
　ⓒ すれ違うよって、友達に注意された。
　ⓓ そんなに怠けているとすれ違っちゃうよ。

④ 限りがない
　ⓐ 留学の基準は、学生であれば限りがありません。
　ⓑ 会社に入るのに、特別に限りがないです。
　ⓒ 人間の欲望には限りがない。
　ⓓ やってみれば誰でも限りがないですよ。

＊정답은 300쪽을 확인하세요.

Day 21 **취직, 직업, 직위**
Day 22 **일, 업무**
Day 23 **우편/메일/컴퓨터/전화**
Day 24 **기타 사물**
Day 25 **부사 1**

5주

Day 21 취직, 직업, 직위

📱 팟캐스트에서 저자의 강의를 들으며 책을 보세요.

☐ 履歴書に学歴を書く	이력서에 학력을 쓰다
☐ 基礎学力	기초 학력 *학교 교육을 통한 학력
☐ まだ素人だ	아직 아마추어다
☐ 大学で講演を行う	대학교에서 강연을 하다
☐ 履歴書を持参する	이력서를 지참하다
☐ 受付を締め切る	접수를 마감하다
☐ スケジュール管理	스케줄 관리
☐ 同僚と飲みに行く	동료와 한잔하러 가다
☐ 人手が余る	일손이 남다
☐ 今年で引退する	올해로 은퇴하다
☐ 申請を受け付ける	신청을 접수하다
☐ 有能な技師	유능한 기사
☐ 漁業組合	어업 조합
☐ 会社の重役	회사의 중역

☐ 映画の**主人公**	영화의 **주인공**
☐ **主役**になる	**주역**이 되다
☐ **主要**な人物	**주요**한 인물
☐ 雪の**女王**	눈의 **여왕**
☐ **助手**を雇う	**조수**를 고용하다
☐ **新人**歌手	**신인** 가수
☐ **大工**の仕事を習う	**목수** 일을 배우다
☐ **不運**が重なる	**불운**이 겹치다
☐ 江戸時代の**武士**	에도시대의 **무사**
☐ アルバイトを**募集**する	아르바이트를 **모집**하다
☐ **民間**企業	**민간** 기업
☐ **臨時**に雇う	**임시**로 고용하다
☐ 地方**役人**	지방 **공무원**
☐ 彼に**代わって**お礼を言う	그를 **대신해서** 감사 인사를 하다
電話を**代わる**	전화를 (다른 사람으로) **바꾸다**
☐ **芸能**ニュース	**연예(예능)** 뉴스
☐ **整備工員**	**정비 직공(공원)**

☐	講師(こうし)として働(はたら)く	강사로서 일하다
☐	人事部(じんじぶ)	인사부
☐	人(ひと)と接(せっ)する	사람과 접(촉)하다(만나다)
☐	組織(そしき)に属(ぞく)する	조직에 속하다
☐	徹底的(てっていてき)に調査(ちょうさ)する	철저하게 조사하다
☐	手前(てまえ)にある本(ほん) 約束(やくそく)した手前(てまえ)	자기 앞에 있는 책 약속한 체면(상)
☐	退(ど)いてください	비켜 주세요
☐	帰(かえ)る人(ひと)を引(ひ)き止(と)める	돌아가는 사람을 붙잡다
☐	年齢制限(ねんれいせいげん)	연령 제한
☐	面接(めんせつ)で緊張(きんちょう)する	면접에서 긴장하다
☐	ふさわしい服装(ふくそう)	어울리는 복장
☐	交通費支給(こうつうひしきゅう)	교통비 지급
☐	仕事仲間(しごとなかま)	직장 동료
☐	優秀(ゆうしゅう)な人材(じんざい)を求(もと)める	우수한 인재를 구하다
☐	電車(でんしゃ)の車掌(しゃしょう)	전차의 차장
☐	会社(かいしゃ)に入社(にゅうしゃ)する	회사에 입사하다

연습문제

1 알맞은 어휘에 체크하세요.

① 私は父の仕事をついで家を作る (ⓐ 大工　ⓑ 木手) になりました。

② 事業の規模を縮小したら、(ⓐ 人手　ⓑ 白手) が余ってしまいました。

③ 友達と約束した (ⓐ 結果　ⓑ 手前)、やらないわけにはいかなくなった。

④ 今日は久しぶりに会社の (ⓐ 同僚　ⓑ 社僚) と飲みに行く予定です。

⑤ 「すみません、山田さんに電話を (ⓐ 代えて　ⓑ 代わって) ください。」

2 괄호 안에 들어갈 어휘를 a・b・c・d・e 중에서 선택하세요.

1

① 私はゴルフについては (　　　　)、いろいろ教えてください。

② 叔父が会社の (　　　　) なので、入社できるように頼んでみるよ。

③ 必ず (　　　) に学歴と経歴を書いてください。

143

④ 安定した仕事がしたいので、大学を出たら地方の（　　　　）になるつもりです。

> ⓐ履歴書　ⓑ重役　ⓒ入会費　ⓓ役人　ⓔ素人

2

① 大手企業のS社で人を（　　　　）と聞いて、慌てて書類を出しました。
② この講座の希望者が多くて、受付は5時で（　　　　）ことにします。
③ 面接で（　　　　）ことがないように、準備をしてきました。
④ 長年勤めたこの会社も、今月に（　　　　）ことになりました。

> ⓐ締め切る　ⓑ募集する　ⓒ緊張する
> ⓓ引き止める　ⓔ引退する

정답

1 ①a ②a ③b ④a ⑤b
2 **1** ①e ②b ③a ④d　**2** ①b ②a ③c ④e

Day 22 일, 업무

🖐 팟캐스트에서 저자의 강의를 들으며 책을 보세요.

☐ 用件を言う	용건을 말하다
☐ 一般の会社	일반 회사
☐ 荷物を預かる	짐을 맡다
☐ 資料を活用する	자료를 활용하다
☐ 大量の貨物	대량의 화물
☐ 具体的に話す	구체적으로 이야기하다
☐ 新入社員の研修	신입 사원 연수
☐ 詳しく検討する	자세히 검토하다
☐ 功績を残す	공적을 남기다
☐ 公務で出張する	공무로 출장을 가다
☐ 差支えが生じる	지장이 생기다
☐ きれいに仕上がる	깨끗하게 마무리되다
☐ 作業を仕上げる	작업을 마무리하다
☐ 実績をあげる	실적을 올리다

☐ 順調(じゅんちょう)に進(すす)む	**순조롭게** 진행되다
☐ 承認(しょうにん)を得(え)る	**승인**을 얻다
☐ 初歩(しょほ)的なミス	**초보**적인 실수
☐ 工事(こうじ)が進行(しんこう)する	공사가 **진행**되다
☐ 損得(そんとく)を計算(けいさん)する	**손익**을 계산하다
☐ 抽象(ちゅうしょう)的な絵(え)	**추상**적인 그림
☐ 手間(てま)がかかる	손이 많이 가다, **품(시간)**이 들다
☐ 内線(ないせん)番号(ばんごう)	**내선** 번호
☐ 二(ふた)つを並行(へいこう)する	두 가지를 **병행**하다
☐ 捜査(そうさ)本部(ほんぶ)	**수사 본부**
☐ 見本(みほん)と違(ちが)う	**견본**과 다르다
☐ 残業(ざんぎょう)を命(めい)じる	잔업을 **명령하다**
☐ 夜間(やかん)勤務(きんむ)	**야간 근무**
☐ 英語(えいご)に訳(やく)す	영어로 **번역하다**
☐ 研究(けんきゅう)に役立(やくだ)つ	연구에 **도움이 되다**
☐ 催(もよお)しを行(おこな)う	**행사**를 실시하다
☐ 取(と)り扱(あつか)いを打(う)ち切(き)る	취급을 **중단하다**

歌手グループ解散	가수 그룹 해산
イベントを実施する	이벤트를 실시하다
修繕費	수선비
署名をお願いします	서명을 부탁드립니다
家具を製作する	가구를 제작하다
会議が長引く	회의가 길어지다(지연되다)
張り切って仕事をする	활기차게 일하다
一休みする	잠깐 쉬다
出世した人	출세한 사람
プリントを配る	프린트를 배부하다
案を出す	안을 내다
仕事を引き受ける	일을 맡다
徹夜で仕事をする	밤새워 일하다
利益を生み出す	이익을 창출하다
医療機関	의료 기관
危険を伴う仕事	위험을 동반하는 일

연습문제

1 알맞은 어휘에 체크하세요.

① 必要なら、この資料を (ⓐ 活用 ⓑ 応用) してください。
② 問題を解決するのに先生のアドバイスが (ⓐ 助かり ⓑ 役立ち) ました。
③ 約束が守られないので、途中で契約を (ⓐ 打ち切り ⓑ 打ち上げ) ました。
④ 希望の会社に入社して (ⓐ 張り合って ⓑ 張り切って) 仕事をしています。
⑤ 時間がないので、早く (ⓐ 都合 ⓑ 用件) を済ませて帰りましょう。

2 괄호 안에 들어갈 어휘를 a · b · c · d · e 중에서 선택하세요.

1

① 結婚の (　　　　) を得るために、彼女の両親に会いに行った。
② 商売はただ (　　　　) だけを計算していてはうまくいかないものだ。

③ 今回の新しいプロジェクトは ( ) に進んでいます。
④ 今、忙しいので、( ) だけ、簡単に話してください。

| ⓐ順調 ⓑ損得 ⓒ用件 ⓓ承諾 ⓔ徹夜 |

2

① なかなか結論が出なくて会議が ( ) しまった。
② 今年は仕事と勉強を ( ) やっていくつもりです。
③ 利益が出るかどうか詳しく ( )、結論を出します。
④ まだ先は長いから、ちょっと ( ) から始めましょう。

| ⓐ長引いて ⓑ検討して ⓒ一休みして ⓓ並行して ⓔ払い戻して |

정답

1 ①a ②b ③a ④b ⑤b
2 **1** ①d ②b ③a ④c **2** ①a ②d ③b ④c

Day 23 우편/메일/컴퓨터/전화

팟캐스트에서 저자의 강의를 들으며 책을 보세요.

□ サービスを開始(かいし)する	서비스를 **개시**하다
□ 下線(かせん)をひく	**밑줄**을 치다
□ 機能(きのう)とデザインを兼(か)ねる	**기능**과 디자인을 **겸하다**
□ 記号(きごう)をつける	**기호**를 달다
□ ポスターが掲示(けいじ)される 掲示(けいじ)板(ばん)	포스터가 **게시**되다 **게시판**
□ メールを削除(さくじょ)する	메일을 **삭제**하다
□ パソコンを終了(しゅうりょう)する	컴퓨터를 **종료**하다
□ 規模(きぼ)を縮小(しゅくしょう)する	**규모**를 **축소**하다
□ 図(ず)で表(あらわ)す	**그림**으로 나타내다
□ インターネットに接続(せつぞく)する	인터넷에 **접속**하다
□ 会員(かいいん)に登録(とうろく)する	회원으로 **등록**하다
□ 資料(しりょう)を複写(ふくしゃ)する	자료를 **복사**하다
□ 書類(しょるい)を郵送(ゆうそう)する	서류를 **우편**으로 보내다

☐ スペックの<ruby>劣<rt>おと</rt></ruby>るパソコン	스펙이 (뒤)떨어지는 컴퓨터
☐ <ruby>契約<rt>けいやく</rt></ruby>を<ruby>更新<rt>こうしん</rt></ruby>する	계약을 **갱신**하다
☐ <ruby>書類<rt>しょるい</rt></ruby>を<ruby>作成<rt>さくせい</rt></ruby>する	서류를 **작성**하다
☐ <ruby>新聞<rt>しんぶん</rt></ruby>を<ruby>刷<rt>す</rt></ruby>る	신문을 **인쇄하다**
☐ スマートフォンを<ruby>操作<rt>そうさ</rt></ruby>する	스마트폰을 **조작**하다
☐ <ruby>基本<rt>きほん</rt></ruby>的な<ruby>機能<rt>きのう</rt></ruby>	**기본적인 기능**
☐ ファイルを<ruby>添付<rt>てんぷ</rt></ruby>する	파일을 **첨부**하다
☐ **お<ruby>気<rt>き</rt></ruby>に<ruby>入<rt>い</rt></ruby>りの<ruby>追加<rt>ついか</rt></ruby>**	**즐겨찾기(마음에 듦) 추가**
☐ <ruby>用紙<rt>ようし</rt></ruby>が<ruby>切<rt>き</rt></ruby>れる	용지가 **다 떨어지다**
☐ <ruby>船便<rt>ふなびん</rt></ruby>で<ruby>送<rt>おく</rt></ruby>る	**배편으로 보내다**
☐ <ruby>音信<rt>おんしん</rt></ruby><ruby>不通<rt>ふつう</rt></ruby> <ruby>電話<rt>でんわ</rt></ruby>が<ruby>不通<rt>ふつう</rt></ruby>になる	연락 **불통** 전화가 **불통**이 되다
☐ ファイルを<ruby>圧縮<rt>あっしゅく</rt></ruby>する	파일을 **압축**하다
☐ <ruby>新<rt>あたら</rt></ruby>しい<ruby>携帯電話<rt>けいたいでんわ</rt></ruby>	새로운 **휴대 전화**
☐ <ruby>説明<rt>せつめい</rt></ruby>を<ruby>省略<rt>しょうりゃく</rt></ruby>する	설명을 **생략**하다
☐ データの<ruby>有無<rt>うむ</rt></ruby>	데이터의 **유무**
☐ **<ruby>問<rt>と</rt></ruby>い<ruby>合<rt>あ</rt></ruby>わせ**がある	**문의**가 있다

☐ メールで**申請**する   메일로 **신청**하다

☐ **手続き**を踏む   **수속**을 밟다

연습문제

1 알맞은 어휘에 체크하세요.

① 新製品に関する (ⓐ 問議   ⓑ 問い合わせ) がたくさん来ている。

② 用紙が (ⓐ 切れた   ⓑ 落ちた) みたいなので、今すぐ補充します。

③ 私はまだスペックの (ⓐ 劣った   ⓑ 下った) 古いパソコンを使っています。

④ この部屋は書斎と応接間とを (ⓐ 並行して   ⓑ 兼ねて) います。

⑤ 重要な部分に (ⓐ 横線   ⓑ 下線) を引いてください。

2 괄호 안에 들어갈 어휘를 a・b・c・d・e 중에서 선택하세요.

1

① 友達が海外旅行に行った後、音信 (   ) になってしまった。

② 会議で使うので、急いでこの資料を30部ほど
（　　　　）してください。
③ 来月に出産予定なので、会社に休職の（　　　　）
をしました。
④「皆さんご存知だと思いますので、詳しい説明は
（　　　　）いたします。」

> ⓐ申請　ⓑ複写　ⓒ不通　ⓓ省略　ⓔ限度

2

① 急いでいるので、今日中にファイルを（　　　　）
送ってください。
② 会社から来たメールは必要ないので全部
（　　　　）ください。
③ このファイルは容量が大きいですから（　　　　）
送る必要があります。
④ 新しいパンフレットを1,000枚ほど（　　　　）
ください。

> ⓐ削除して　ⓑ圧縮して　ⓒ削って　ⓓ添付して　ⓔ刷って

정답

1 ①b ②a ③a ④b ⑤b
2 ①①c ②b ③a ④d　②①d ②a ③b ④e

Day 24 기타 사물

팟캐스트에서 저자의 강의를 들으며 책을 보세요.

□ 木の切れ	나무 **토막**
□ 実物とそっくりだ	**실물**과 똑같다
□ 実用的な道具	**실용**적인 도구
□ 綱で縛る	**밧줄**로 **묶다**
□ 人造宝石	**인조** 보석
□ 猫の首に鈴をつける	고양이 목에 **방울**을 달다
□ 扇子を開く	**부채**를 펼치다
□ 花束をあげる	**꽃다발**을 주다
□ 中性洗剤	중성 세제
□ 手ぬぐいで拭く	**손수건**으로 닦다
□ 電池が切れる	**전지**가 다 떨어지다
□ 電柱が傾く	**전봇대**가 **기울다**
□ 灯油ランプ	**등유** 램프
□ 入浴剤を入れる	**입욕**제를 넣다

□ **はかり**にかける	저울에 달다
□ ガラスの**破片**(はへん)	유리 **파편**
□ **便**(びん)**せん**に**手紙**(てがみ)を**書**(か)く	**편지지**에 편지를 쓰다
□ **瓶詰**(びんづ)**め**にする	**병에 넣어 포장**하다
□ **幕**(まく)があがる	**막이 오르다**
□ プラスチック**容器**(ようき)	플라스틱 **용기**
□ **綿**(わた)を**入**(い)れる	**솜을 넣다**
□ **ねじ**を**締**(し)める	**나사**를 조이다
□ **ろうそく**を**灯**(とも)す	**촛불**을 켜다
□ **のこぎり**で**板**(いた)を**切**(き)る	**톱**으로 판자를 자르다
□ **これら**を**使**(つか)う	**이것들**을 사용하다
□ **かご**に**入**(い)れる	**바구니**에 담다
□ **さじ**を**投**(な)げる	**숟가락**을 던지다, 단념하다
□ **ばね**が**入**(はい)っている	**용수철**이 들어 있다
□ **ふすま**を**張**(は)り**替**(か)える	**맹장지**를 새로 바르다
□ **乾電池**(かんでんち)を**入**(い)れる	**건전지**를 넣다
□ **鎖**(くさり)で**縛**(しば)る	**쇠사슬**로 묶다

☐ 栓抜き	**병마개** 따개
栓を抜く	마개를 따다
☐ 太鼓を叩く	북을 치다
☐ 手帳に日程を書く	수첩에 일정을 쓰다
☐ 縄をなう	새끼(밧줄)를 꼬다
☐ 紙を糊で貼る	종이를 풀로 붙이다
☐ 歯車がかみ合う	톱니바퀴가 맞물리다
☐ 梯子をかける	사다리를 걸치다
☐ 風呂敷に包む	보자기에 싸다
☐ コップのかけら	컵의 **깨진 조각**
☐ 針金でブローチを作る	철사로 **브로치**를 만들다
☐ 釘を抜く	못을 뽑다

연습문제

1 알맞은 어휘에 체크하세요.

① 私は毎日 (ⓐ 台帳 ⓑ 手帳) にその日のスケジュールをメモしている。

② 早くビールの (ⓐ 栓 ⓑ ふた) をぬいて、乾杯しましょう。

③ メールより (ⓐ 用紙 ⓑ 便せん) の手紙の方がもらってうれしい。

④ 釘より (ⓐ ばね ⓑ ねじ) の方がしっかり固定できます。

⑤ 停電みたいなので、部屋に (ⓐ ろうそく ⓑ ろうぞく) を灯しました。

2 괄호 안에 들어갈 어휘를 a·b·c·d·e 중에서 선택하세요.

1

① お金かやりがいかを (　　　) にかけて、就職先を決めるつもりです。

② 会社を退職した後、私の第二の人生の (　　　) があがりました。

③ 割れたガラスの (　　　　) で足を怪我してしまいました。

④ 運動をして汗をかいたので (　　　　) で顔を拭いた。

> ⓐ手ぬぐい　ⓑ破片　ⓒふすま　ⓓはかり　ⓔ幕

2

① 時計の電池が (　　　　) いたので、お店で買ってきました。

② 犬が逃げ出さないように、ひもで (　　　　) おいた。

③ 「手伝ってくれたお礼に」と友達が食事を (　　　　) くれました。

④ パリのエフェル塔はだいぶ (　　　　) いるが、倒れない。

> ⓐ切れて　ⓑおごって　ⓒ傾いて　ⓓ買って　ⓔ縛って

정답

1 ①b ②a ③b ④b ⑤a
2 ❶ ①d ②e ③b ④a　❷ ①a ②e ③b ④c

Day 25 부사 1

📱 팟캐스트에서 저자의 강의를 들으며 책을 보세요.

□ **ともかく**やってみよう	**어쨌든** 해 보자
□ **元々**体が弱い	**원래** 몸이 약하다
□ 計画の**大凡**	계획의 **대강**
□ **直ちに**始める	**즉시** 시작하다
□ **何とか**なる	**어떻게든** 되다
□ **もしも**合格したら	**만약** 합격한다면
□ **うろうろ**歩き回る	**어슬렁어슬렁** 돌아다니다
□ 分からなくて**まごまご**する	몰라서 **우물쭈물**하다
□ **ぎっしり**つめる	**가득** 담다
□ **しみじみ**と感じる	**절실히** 느끼다
□ **いよいよ**私の番だ	**드디어** 내 차례다
□ **にこにこ**笑う	**생글생글** 웃다
□ **ずらりと**並んでいる	**죽** 진열되어 있다
□ **もしかしたら**会えないかも	**어쩌면** 만날 수 없을 지도…

☐	もしかすると行(い)けないかも	어쩌면 갈 수 없을 지도…
☐	しきりにベルが鳴(な)る	계속해서 벨이 울리다
☐	たちまち売(う)り切(き)れる	금세 다 팔리다
☐	ふわふわの布団(ふとん)	푹신푹신한 이불
☐	たびたび訪(おとず)れる	자주 방문하다
☐	どっと倒(たお)れる どっと疲(つか)れる	털썩 쓰러지다 갑자기 피곤이 몰려오다
☐	どうしても無理(むり)だ	아무리 해도 무리다
☐	せめて声(こえ)だけでも聞(き)きたい	적어도 목소리라도 듣고 싶다
☐	銘々皿(めいめいざら)	각자 사용하는 접시
☐	やがて26歳(さい)になる	머지않아 26세가 되다
☐	絶(た)えず努力(どりょく)する	끊임없이 노력하다
☐	近々(ちかぢか)引(ひ)っ越(こ)す予定(よてい)だ	곧 이사할 예정이다
☐	何(なん)となく気分(きぶん)が沈(しず)む	왠지(어쩐지) 기분이 가라앉다
☐	非常(ひじょう)に高(たか)い	굉장히 비싸다
☐	間(ま)もなく始(はじ)まる	머지않아(곧) 시작되다
☐	いつまでも忘(わす)れられない	언제까지나 잊을 수 없다

- □ いつのまにか外は暗くなった　어느새 밤은 어두워졌다
- □ そのうち慣れる　가까운 시일 안에 익숙해지다
- □ ようやく完成した　드디어 완성했다
- □ いずれ大人になる　머지않아 어른이 된다
- □ にわか雨　갑자기 내리는 비, 소나기
  にわかに空が曇ってきた　갑자기 하늘이 흐려지다
- □ とっくに帰ったよ　훨씬 전에(벌써) 돌아갔어
- □ 客席はほぼ満員だ　객석은 거의 만원이다
- □ たった一度会っただけだ　단(겨우) 한 번 만났을 뿐이다
- □ せいぜい10分ぐらい　고작 10분 정도
- □ 少なくとも30分はかかる　적어도 30분은 걸리다
- □ いちいち文句を言う　일일이 트집을 잡다
- □ 各々の役割　각자의 역할
- □ こっそり教えてあげる　몰래 가르쳐 주다
- □ しいんとする　쥐 죽은 듯 조용하다
- □ さっさと帰れ　재빨리 돌아가
- □ せっせと働く　부지런히 일하다

- **すっと**立ち上がる   **재빨리** 일어나다
  気分が**すっと**する   기분이 **후련하다**

- **着々**と進む   **척척** 진행되다

- 血が**点々**と落ちる   피가 **똑똑** 떨어지다

- **現に**この目で見た   **실제로** 이 눈으로 봤다

연습문제

1 알맞은 어휘에 체크하세요.

① (ⓐ ふわふわの ⓑ ごわごわの) 布団で寝られるなんて本当に幸せです。

② できるかどうか分からないが (ⓐ そもそも ⓑ ともかく) やってみよう。

③ 前の席の子が (ⓐ にごにご ⓑ にこにこ) 笑ってこっちを見ています。

④ 授業が始まったのに、学生がまだ廊下を (ⓐ うろうろ ⓑ ぞろぞろ) している。

⑤ 待ちに待った原子力発電所が (ⓐ ようやく ⓑ にわかに) 完成しました。

2 괄호 안에 들어갈 어휘를 a・b・c・d・e 중에서 선택하세요.

1

① この頃、自分も年を取ったなと (　　　　) と感じる。

② 彼女は (　　　　) あなたに会いたがっていましたよ。

③ 今は仕事が大変でも、(　　　　　) 慣れるよ。
④ 彼の秘密、私にだけ (　　　　　) 教えてよ。

> ⓐ まごまご　　ⓑ しみじみ　　ⓒ そのうち
> ⓓ こっそり　　ⓔ しきりに

2

① 先生が教室に入ってきたので、教室が (　　　　　) なった。
② 若いころ、(　　　　　) 働いてお金を貯めた。
③ 展示場にきれいな車が (　　　　　) 並んでいる。
④ 用事がないなら (　　　　　) 帰りなさい。

> ⓐ しいんと　　ⓑ 何とか　　ⓒ さっさと
> ⓓ ずらりと　　ⓔ せっせと

정답

1 ①a ②b ③b ④a ⑤a
2 ❶①b ②e ③c ④d　❷①a ②e ③d ④c

1 (　　) に入れるのに最もよいものを、a・b・c・d から一つえらびなさい。

① うまくいくかどうかは、まだ (　　　) の余地があります。

ⓐ 損得　ⓑ 提案　ⓒ 検討　ⓓ 回答

② すごい人気で、商品が (　　　) 売り切れてしまった。

ⓐ たびたび　ⓑ いよいよ　ⓒ やがて　ⓓ たちまち

③ 日本に留学して、日本の文化に (　　　) ことができました。

ⓐ 知る　ⓑ わかる　ⓒ 対しる　ⓓ 接する

④ この板を切るためには (　　　) が必要ですよ。

ⓐ 包丁　ⓑ はさみ　ⓒ 刀　ⓓ のこぎり

⑤ ２年間の契約が切れたので、新しく契約を (　　　) しました。

ⓐ 変更　ⓑ 更新　ⓒ 交換　ⓓ 再生

⑥ 私は組織に (　　　　) のが嫌で、一人で仕事をしています。

ⓐ 対する　ⓑ 属する　ⓒ 混ざる　ⓓ はまる

⑦ 「(　　　　) 出発いたしますので、急いでご乗車ください。」

ⓐ いつかわ　ⓑ 間もなく　ⓒ やっと　ⓓ やがて

⑧ 疲れたからちょっと (　　　　) しましょう。

ⓐ 一休み　ⓑ 体息　ⓒ 体憩　ⓓ 一憩

2 説明に最も合う言葉を、a・b・c・d から一つえらびなさい。

① 二つのものがしっくりと合って、うまく事が進む。

ⓐ 気が合う　　　　ⓑ 歯車がかみ合う
ⓒ 相性が合う　　　ⓓ 歯がかみ合う

② 商品などの質や形を人に知らせるためのもの。

ⓐ 元本　ⓑ 見本　ⓒ 台本　ⓓ 見せ物

③ 電話や手紙などによる連絡がまったくないこと。

ⓐ 不消息　ⓑ 連絡不通　ⓒ 無消息　ⓓ 音信不通

④ 物事の経験が少なくて未熟な人。

　ⓐ 素人　ⓑ 未人　ⓒ 劣人　ⓓ 下人

3 _____ に最も意味が近いものを、a・b・c・dから一つえらびなさい。

① 学生としてふさわしい服を着てください。

　ⓐ 適当な　ⓑ 大切な　ⓒ 誇らしい　ⓓ 該当した

② 私の好きなコーヒーが切れてしまった。

　ⓐ 味が落ちて　　　　ⓑ 破れて
　ⓒ なくなって　　　　ⓓ 嫌いになって

③ この仕事は今日中に仕上げてください。

　ⓐ させて　ⓑ 準備して　ⓒ 終わらせて　ⓓ 用意して

④ 莫大な利益を創出しました。

　ⓐ 切り出しました　　　ⓑ 損出しました
　ⓒ 生み出しました　　　ⓓ 増収しました

4 つぎのことばの使い方として最もよいものを、a・b・c・dから一つえらびなさい。

① 手間がかかる
　ⓐ 手間がかかれば、きっといいことがあるよ。

ⓑ 毎日同じ料理で、もう手間がかかった。

ⓒ 不幸な人生に手間がかかった。

ⓓ 韓国料理は作るのに手間がかかる。

② いずれ

ⓐ 誰でもいずれは大人になるんだよ。

ⓑ いずれ朝になって日が昇った。

ⓒ 息子が大学生になるのもいずれです。

ⓓ いずれは分かりませんが、一度外国に行ってみたいです。

③ さじを投げる

ⓐ 丼は箸では食べにくいのでさじを投げた。

ⓑ いくら注意しても直らないので、先生もついにさじを投げた。

ⓒ さじを投げやすい人は皆に評価されます。

ⓓ お弁当を食べるときはさじを投げるのがいいです。

④ 手続きを踏む

ⓐ 商売をするのに手続きを踏んでいたらやっていられない。

ⓑ 正式な手続きを踏んで契約するのがいいでしょう。

ⓒ やるからには手続きを踏むわけにはいかない。

ⓓ 手続きを踏むなら、明日にしましょう。

Day 26 **국가, 정치, 경제, 종교**
Day 27 **기준, 규율, 법률**
Day 28 **질의응답, 말, 인사**
Day 29 **부사 2**
Day 30 **접속사, 기타**

6주

Day 26 국가, 정치, 경제, 종교

팟캐스트에서 저자의 강의를 들으며 책을 보세요.

☐ 高度の経済成長	**고도**의 경제 성장
☐ 儀式を行う	**의식**을 행하다
☐ 神を祭る	신을 **모시다**
☐ 初日の出を拝む	새해의 첫 해를 향해 **절하다**
☐ 信仰を持つ	**신앙**을 지키다
☐ 男女平等	남녀**평등**
☐ 現状維持	**현상 유지**
☐ 税金を納める	세금을 **납부하다**
☐ 国を治める	나라를 **다스리다**
☐ 消極的な外交	소극적인 **외교**
☐ 仕事から解放される	일에서 **해방**되다
☐ 予算を確保する	예산을 **확보하다**
☐ 地方官庁	지방 **관청**
☐ 国会議員	국회 **의원**

☐ 危機が迫る	위기가 닥치다
☐ 飢饉に苦しむ	기근에 고통받다
☐ 社会に貢献する	사회에 공헌하다
☐ 文化交流	문화 교류
☐ イギリスの国王	영국의 국왕
☐ 地方自治	지방 자치
☐ 市長選挙	시장 선거
☐ 資本主義	자본주의
☐ 新聞の社説	신문 사설
☐ 情勢の変化	정세의 변화
☐ 専制政治	전제 정치
☐ 日本の総理大臣	일본의 총리대신
☐ 対立が深まる	대립이 심해지다
☐ 民主主義	민주주의
☐ 日本の領事館	일본 영사관
☐ 役所の手続き	관공서의 수속
☐ 主導権を握った与党	주도권을 쥔 여당

☐	連合軍・国際連合 れんごうぐん・こくさいれんごう	연합군/국제 연합
☐	労働基準法・厚生労働省 ろうどうきじゅんほう・こうせいろうどうしょう	노동 기준법/후생노동성
☐	資金援助 しきんえんじょ	자금 원조
☐	各国の王女 かっこくのおうじょ	각국의 공주
☐	欧米から輸入する おうべいからゆにゅうする	유럽과 미국(구미)으로부터 수입하다
☐	基盤を作る きばんをつくる	기반을 만들다
☐	軍隊に入る ぐんたいにはいる	군대에 들어가다
☐	福岡県庁 ふくおかけんちょう	후쿠오카현청
☐	公衆電話 こうしゅうでんわ	공중전화
☐	多重国籍 たじゅうこくせき	다중 국적
☐	手数料を差し引く てすうりょうをさしひく	수수료를 공제하다(빼다)
☐	自衛隊 じえいたい	자위대
☐	支持政党 しじせいとう	지지 정당
☐	地区計画 ちくけいかく	지구 계획
☐	国務長官 こくむちょうかん	국무장관
☐	天皇を尊敬する てんのうをそんけいする	일본 국왕을 존경하다
☐	選挙演説 せんきょえんぜつ	선거 연설

연습문제

1 알맞은 어휘에 체크하세요.

① 経済が不安定な現在、現状 (ⓐ 維持 ⓑ 持続) するだけでも大変です。

② お互いの国を理解するためには、文化 (ⓐ 交換 ⓑ 交流) が必要です。

③ 顧客サービスとして、手数料を (ⓐ 押し引く ⓑ 差し引く) ことにします。

④ 現在、政権を握っている (ⓐ 野党 ⓑ 与党) の働きが重要です。

⑤ 1月1日は、毎年、海で初日の出を (ⓐ 拝む ⓑ 拝見する) ことにしています。

2 괄호 안에 들어갈 어휘를 a·b·c·d·e 중에서 선택하세요.

1

① 国際社会で自国の地位を高めるためには積極的な (　　　　) が必要です。

② 政府は世界 (　　　　) の変化に神経を使っている。

③ 日本はキリスト教の（　　　　）を持つ人が多くない。
④ 会社経営が厳しいので、資金（　　　　）を検討している。

> ⓐ 情勢　ⓑ 援助　ⓒ 内政　ⓓ 外交　ⓔ 信仰

2

① 経済が発展した現在でも、飢饉に（　　　　）いる国はまだ多いです。
② 北朝鮮が核を開発したせいで、朝鮮半島に危機が（　　　　）います。
③ 日本の神社では神を（　　　　）います。
④ 私は社会運動をしてきた父を（　　　　）います。

> ⓐ 苦しんで　ⓑ 祭って　ⓒ 削って　ⓓ 迫って　ⓔ 尊敬して

정답

1　①a　②b　③b　④b　⑤a
2　**1** ①d　②a　③e　④b　　**2** ①a　②d　③b　④e

Day 27 기준, 규율, 법률

📱 팟캐스트에서 저자의 강의를 들으며 책을 보세요.

☐ 条件に当てはまる	조건에 **부합하다**
☐ 制度を拡充する	제도를 **확충**하다
☐ 確率が高い	**확률**이 높다
☐ 社会生活の規準	사회생활의 **규준**
☐ 人に罪を着せる	남에게 죄를 **덮어씌우다**
服を着せる	옷을 **입히다**
☐ 規律を守る	**규율**을 지키다
☐ 厳重な警備	**엄중**한 **경비**
☐ 憲法を改正する	**헌법**을 **개정**하다
☐ 結果を公表する	결과를 **공표**하다
☐ 税関に申告する	**세관**에 **신고**하다
☐ 体系を立てる	**체계**를 세우다
☐ 会社の体制	회사의 **체제**
☐ 強く抵抗する	강하게 **저항**하다

☐ 法を適用する	법을 적용하다
☐ 統計を取る	통계를 내다
☐ 案を取り上げる	안을 채택하다
☐ 税関に引っ掛かる	세관에 걸리다
☐ 標準から外れる	표준에서 벗어나다
☐ 不正を働く	부정을 저지르다
☐ 法に触れる	법에 저촉하다
☐ 騒音を防止する	소음을 방지하다
☐ 政府の方針	정부의 방침
☐ 法則に従う	법칙에 따르다
☐ 18歳未満	18세 미만
☐ 目安になる	기준이 되다
☐ 一流大学	일류 대학
☐ 人権を侵す	인권을 침해하다
☐ 課税政策	과세 정책
☐ 罪を被せる	죄를 덮어씌우다
☐ 合格基準	합격 기준

☐ 交通規制	교통 **규제**
☐ 形式にこだわる	**형식**에 구애되다
☐ 合理化する	**합리화**하다
☐ 審判を受ける	**심판**을 받다
☐ 不道徳な人	**부도덕**한 사람
☐ 新しい技術を取り入れる	새로운 기술을 **도입하다**
洗濯物を取り入れる	세탁물을 **거두어들이다**
☐ 法律によって罰する	법률에 따라 **처벌하다**
☐ 裁判所の判事	재판소의 **판사**
☐ 不規則な生活	**불규칙**한 생활
☐ 分布を調べる	**분포**를 조사하다
☐ 図書の分類	도서의 **분류**
☐ 監視カメラ	**감시** 카메라
☐ 世論に訴える	여론에 **호소하다**
☐ 100個に限る	100개로 **한정하다**
☐ 案件を可決する	안건을 **가결**하다
☐ 喫煙を禁じる	흡연을 **금하다**

1 알맞은 어휘에 체크하세요.

① (ⓐ 不規則な ⓑ 不安定な) 生活は、健康によくないですよ。
② イスラムの国の女性たちは、今でも男女平等を(ⓐ 訴えて ⓑ 信じて) いる。
③ 条件に (ⓐ 当てはめる ⓑ 当てはまる) ものを選んでください。
④ 健康に対する意識が高まって、喫煙を (ⓐ 許可する ⓑ 禁じる) お店が増えています。
⑤ 新しいことを始めるには、今までの形式に (ⓐ ことわる ⓑ こだわる) 必要はありません。

2 괄호 안에 들어갈 어휘를 a·b·c·d·e 중에서 선택하세요.

1

① 軍隊では軍の統制を守るために、(　　　　) を守る必要がある。
② 新年を迎えて、政府は新しい (　　　　) を発表した。

③ 十分な準備をしてきたので、今度は成功する（　　　　）が高いと思います。

④ 大統領の訪問を前に、厳重な（　　　　）が行われています。

> ⓐ確率　ⓑ方針　ⓒ規律　ⓓ形式　ⓔ警備

2

① どんな事情があっても、法に（　　　　）ようなことをしてはいけません。

② 日本では今、憲法を（　　　　）準備をしています。

③ 法治国家では、犯罪はすべて法律によって（　　　　）ことになっています。

④ 最近では、SNSを通じて世論に（　　　　）人が増えています。

> ⓐ触れる　ⓑ訴える　ⓒ罰する　ⓓ被せる　ⓔ改正する

정답

1 ①a ②a ③b ④b ⑤b
2 **1** ①c ②b ③a ④e **2** ①a ②e ③c ④b

Day 28 질의응답, 말, 인사

📱 팟캐스트에서 저자의 강의를 들으며 책을 보세요.

- 私から言い出す　　　　　내가 먼저 **말을 꺼내다**
- 解答用紙　　　　　　　　**해답 용지**
- 歴史を語る　　　　　　　역사를 **이야기하다**
- 失敗したと仮定する　　　실패했다고 **가정**하다
- 映画の筋　　　　　　　　영화 **줄거리**
- 台詞を忘れた　　　　　　**대사**를 까먹었다
- 妥当な意見　　　　　　　**타당**한 의견
- 意味がよく伝わる　　　　의미가 잘 **전달되다**
- 問いに答える　　　　　　**물음**에 답하다
- 謎が解ける　　　　　　　**수수께끼**가 풀리다
- 何分よろしくお願いします　**아무쪼록** 잘 부탁드립니다
- 早口に言う　　　　　　　**빠르게** 말하다
- 万歳を叫ぶ　　　　　　　**만세**를 외치다
- 一言で言えば　　　　　　**한마디**로 말하면

☐ 方言を使う	사투리를 쓰다
☐ 間違った答え	틀린 답
☐ 矛盾した話	모순된 이야기
☐ 迷信を信じる	미신을 믿다
☐ 難しい用語	어려운 용어
☐ ローマ字で書く	로마자로 쓰다
☐ なぞなぞを出す	수수께끼를 내다
☐ これちょうだい	이거 주세요
☐ くどい話	장황한 이야기
☐ 宛名のない手紙	수신인명이 없는 편지
☐ 「本」という単語は名詞だ	'책'이라는 단어는 명사이다
☐ 詳しく物語る	상세하게 이야기하다
☐ 団結を呼び掛ける	단결을 호소하다
☐ 「すみません」と呼び掛ける	'실례합니다'라고 말을 걸다
☐ 略した言葉	생략한 말
☐ 大声で叫ぶ	큰 소리로 외치다
☐ 無駄な論争	쓸데없는 논쟁

☐ 新たな方向性を打ち出す	새로운 방향성을 **내세우다**
☐ 口が上手い	말솜씨가 **좋다**
☐ 電話応対スキル	전화 **응대** 스킬
☐ お辞儀のマナー	**인사(절)** 예절
☐ よくある質問と回答	자주 있는 질문과 **회답(대답)**
☐ 分からないことを聞き返す	모르는 것을 **되묻다**
☐ 「寒い」はい形容詞だ	'寒い'는 い**형용사**이다
☐ 口実を作る	**구실(핑계)**을 만들다
☐ 明日来るように言付ける	내일 오도록 **전언을 부탁하다**
☐ 諺の意味	**속담**의 의미
☐ 説得力がある	**설득력**이 있다
☐ 人称代名詞	인칭 **대명사**
☐ 自分に問いかける	스스로에게 **질문하다**
☐ 独り言を言う	**혼잣말**을 하다

연습문제

1 알맞은 어휘에 체크하세요.

① コンビニはコンビニエンスストアを (ⓐ 省いた ⓑ 略した) 言葉です。
② この手紙には (ⓐ 宛名 ⓑ 届け出) が書いてないので配達ができません。
③ 舞台に立ったら緊張して (ⓐ 代語 ⓑ 台詞) を忘れてしまった。
④ 今まで分からなかった事件の (ⓐ 謎 ⓑ なぞなぞ) が、調査の結果やっと解けた。
⑤ 彼女はお酒を飲むと、話がとても (ⓐ ひどく ⓑ くどく) なる。

2 괄호 안에 들어갈 어휘를 a·b·c·d·e 중에서 선택하세요.

1

① 彼女は (　　　　) で話すので、よく聞き取れない。
② 原子力発電所が必要かどうかの (　　　　) が続いている。

③ 社長は（　　　　）を使うので、何を言っているのかよく分からない。
④ 映画は見なかったが、友達から映画の（　　　）を聞いたので内容は知っている。

> ⓐ方言　ⓑ筋　ⓒ議論　ⓓ仮定　ⓔ早口

2

① 静かに、将来どうするかを自分に（　　　）。
② 労働組合の人達が団結を（　　　）。
③ 日本語を知らない人が多いので、意味がよく（　　　）ようにゆっくり話してください。
④ 困難な状況を打開するために、新しい方針を（　　　）必要がある。

> ⓐ問いかける　ⓑ打ち出す　ⓒ問い返す
> ⓓ呼びかける　ⓔ伝わる

정답

1 ①b ②a ③b ④a ⑤b
2 ❶ ①e ②c ③a ④b　❷ ①a ②d ③e ④b

Day 29 부사 2

📱 팟캐스트에서 저자의 강의를 들으며 책을 보세요.

☐ 僅かな違い	**근소**한 차이
☐ はらはらする場面	**아슬아슬**한 장면
☐ 今なお行方が知れない	지금 **여전히** 행방을 모른다
☐ 相変わらず元気だ	**여전히** 건강하다
☐ 幾分気がひける	**다소** 마음이 내키지 않다
☐ 一応、行ってみよう	**일단** 가 보자
☐ 早速、作業を始める	**즉시** 작업을 시작하다
☐ 事態が更に悪化する	사태가 **한층 더** 악화되다
☐ 果たしてできるだろうか	**과연** 할 수 있을까
☐ 独りでにドアが開く	**저절로** 문이 열리다
☐ 割合に早く着いた	**비교적** 빨리 도착했다
☐ 割と安い	**비교적** 저렴하다
☐ おそらく合格できるだろう	**아마** 합격할 수 있을 것이다
☐ めっきり痩せる	**눈에 띄게** 살이 빠지다

□ **あくまで**戦う つもりだ	**끝까지** 싸울 작정이다
□ **しばしば**雨が降る	**자주** 비가 오다
□ **じかに**手渡す	**직접** 건네 주다
□ **まさに**始めようとしている	**(이제) 막** 시작하려고 하고 있다
まさにその通りだ	**정말** 그대로다(의견에 동의할 때)
□ **ぼんやり**した色	**흐릿한** 색깔
□ **むしろ**行かない方がいい	**차라리** 가지 않는 편이 낫다
□ **さすが**名人の作品だ	**역시** 명인의 작품이다
□ **どうせ**勝てないだろう	**어차피** 이길 수 없겠지
□ **うんと**でかい	**엄청나게** 크다
お金が**うんと**ある	돈이 **몹시** 많다
うんと便利になる	**대단히** 편리해지다
□ **かえって**損をした	**오히려** 손해를 봤다
□ **すっと**通る	**쏙** 지나가다
□ **ぜひとも**来てほしい	**꼭** 와 줬으면 좋겠다
□ **くれぐれも**気を付けて	**아무쪼록** 조심하렴
□ **どうか**よろしくお願いします	**부디** 잘 부탁드립니다

取^とりあえずビール	**우선** 맥주(주세요)
取^とりあえずこれを見^みてください	**우선** 이것을 봐 주세요
あいにく定休日^{ていきゅうび}だった	**공교롭게** 정기 휴일이었다
きっぱり断^{ことわ}る	**단호히** 거절하다
せっかくのチャンス	**모처럼**의 기회
せっかく作^{つく}ったのに…	**모처럼** 만들었는데…
余計^{よけい}なお世話^{せわ}	**쓸데없는** 참견
余計^{よけい}に分^わからなくなる	**오히려** 이해하기 어려워지다
一旦^{いったん}やめて、休^{やす}もう！	**일단** 그만두고, 쉬자!
彼^{かれ}はいわゆる天才^{てんさい}だ	그는 **이른바(소위)** 천재이다
思^{おも}い切^きり食^たべる	**실컷(마음껏)** 먹다
何^{なに}しろ一度^{いちど}やってみる	**어쨌든(아무튼)** 한번 해 보다
一斉^{いっせい}に立^たち上^あがる	**일제히** 일어서다
水^{みず}をたっぷり飲^のむ	물을 **듬뿍** 마시다
あまりにも難^{むずか}しい問題^{もんだい}	**너무나도** 어려운 문제
これの方^{ほう}がより難^{むずか}しい	이쪽이 **보다(더욱)** 어렵다
雪^{ゆき}が次第^{しだい}に解^とける	눈이 **점점** 녹다
寒^{さむ}さが一段^{いちだん}と厳^{きび}しくなる	추위가 **한층 더** 심해지다

- **主**に**外**で**食**べる 　　　　　　　**주로** 밖에서 먹다

- 彼は**いわば**ファッションリーダーだ

  　　　　　　　　　　　　그는 **말하자면** 패션 리더다

- 雨が**一層激**しくなった　　　　　비가 **한층 더** 거세졌다

- **今**に**後悔**する　　　　　　　　　　**머지않아** 후회하다

- **大**して**面白**くなかった　　　　　**별로** 재미있지 **않았다**

- **ごく普通**の**味**　　　　　　　　　　**지극히** 평범한 맛

연습문제

1 알맞은 어휘에 체크하세요.

① お父さんに数学を教えてもらったら、(ⓐ 余分に ⓑ 余計に) 分からなくなってしまった。

② はっきり分かりませんが、(ⓐ おそらく ⓑ あくまで) 合格したと思います。

③ 地下鉄が開通すれば、(ⓐ すっと ⓑ うんと) 便利になります。

④ 相手がどんなに強くても (ⓐ あくまで ⓑ どこまで) 戦うつもりです。

⑤ ラブレターを (ⓐ ぜひとも ⓑ じかに) 渡すために、彼女の自宅を訪ねた。

2 괄호 안에 들어갈 어휘를 a·b·c·d·e 중에서 선택하세요.

1

① 久しぶりに同級生を訪ねて行ったが、(　　　) 彼は留守だった。

② 先生が教室に入ってきたので、生徒は (　　　) 立ち上がった。

③ 今年に入って、寒さが ( ) 厳しくなりましたね。
④ 期待していた映画だったが、( ) 面白くなかった。

> ⓐ一斉に　ⓑあいにく　ⓒ何しろ　ⓓ大して　ⓔ一段と

2

① 6月は梅雨なので、( ) 雨が降ります。
② 私は、とんかつにソースを ( ) かけて食べるのが好きだ。
③ エースピッチャーが一打同点という ( ) する場面で登板した。
④ しばらく見ないうちに、( ) 痩せましたね。

> ⓐたっぷり　ⓑはらはら　ⓒめっきり
> ⓓしばしば　ⓔぜひとも

정답

1 ①b ②a ③b ④a ⑤b
2 ❶①b ②a ③e ④d　❷①d ②a ③b ④c

Day 30 접속사, 기타

📱 팟캐스트에서 저자의 강의를 들으며 책을 보세요.

□ 彼に会った。**そして**一緒に散歩した。

그를 만났다. **그리고** 함께 산책했다.

□ **その他**の問題 | 그 **외**의 문제

□ **さて**、ここで問題です。 | **그럼**, 여기에서 문제입니다.

□ 日本の首都**すなわち**東京 | 일본의 수도 **즉** 도쿄

□ **それでも**かまわない | **그래도** 상관없다

□ **つまり**、こういうことだ。 | **즉** 이런 것이다.

□ **あらゆる**試み | **모든** 시도

□ **ある**日・**ある**人 | **어느** 날/**어떤** 사람

□ 電車、**あるいは**バス | 전철 **또는(혹은)** 버스

□ 太る**一方**だ | 살이 찌기**만 할 뿐**이다
使いやすい**一方**、壊れやすい。

사용하기 쉬운 **한편**, 쉽게 망가진다.

- **従(したが)って、正解(せいかい)はAです。** 따라서(그러므로) 정답은 A 입니다.

- **すると**突然(とつぜん)真(ま)っ暗(くら)になった 그러자 갑자기 어두워졌다

- 疲(つか)れた。**そこで**早(はや)く寝(ね)た。 지쳤다. **그래서** 일찍 잤다.

- 彼(かれ)は賢(かしこ)い。**その上(うえ)**、性格(せいかく)もいい。 그는 현명하다. **게다가** 성격도 좋다.

- **そのため**彼(かれ)は破産(はさん)した 그 때문에 그는 파산했다

- コーヒーにする？**それとも**紅茶(こうちゃ)にする？ 커피로 할래? **아니면** 홍차로 할래?

- 約束(やくそく)した。**それなのに**来(こ)なかった。 약속했다. **그런데도** 오지 않았다.

- **それなら**お断(ことわ)りします 그렇다면 거절하겠습니다

- 自由入場(じゆうにゅうじょう)。**ただし**、子供(こども)はお断(ことわ)り。 자유 입장. **단**, 어린이는 사절.

- 彼(かれ)が好(す)き。**なぜなら**優(やさ)しいから。 그가 좋다. **왜냐하면** 상냥하기 때문에.

- 筆(ふで)は**こうして**使(つか)う 붓은 **이렇게** 사용한다

- 試験に合格した。**しかも、**一回で！

　　시험에 합격했다. **게다가** 한 번에!

- **そういえば、**前も言ってたね。

　　그러고 보니 전에도 말했었지.

- **それにしても**遅い　　**그렇다고 해도** 늦다

- 彼は**ただ**の人ではない　　그는 **보통** 사람이 아니다
  満点を取った人は**ただ**一人だけ

　　만점을 받은 사람은 **단** 한 명뿐

- **だって**嫌いなんだもん…　　**하지만** 싫어하는 걸…

- 勝つと思った。**ところが、**負けてしまった。

　　이길 것이라고 생각했다. **그런데** 지고 말았다.

- **ところで、**お仕事の方はどうですか。

　　그런데 하시는 일은 어떻습니까?

- **おまけに**ペンをもらう　　**덤으로** 펜을 받다

- **要するに**実力がなかったのだ

　　요컨대 실력이 없었던 것이다

- 結果を待つ**のみ**だ　　결과를 기다릴 **뿐**이다

연습문제

1 알맞은 어휘에 체크하세요.

① 彼は賢い。(ⓐ それとも　ⓑ その上) 性格もいいんだ。
② 私は彼女が好きです。(ⓐ なぜなら　ⓑ それなのに) 優しいから。
③ 成功したくて (ⓐ それでも　ⓑ あらゆる) 試みをしたが、結局だめだった。
④ 通勤にはバス (ⓐ それなら　ⓑ あるいは) 地下鉄を利用している。
⑤ 試合に負けたっていうことは (ⓐ 要するに　ⓑ ところで) 実力がなかったってことだよ。

2 괄호 안에 들어갈 어휘를 a·b·c·d·e 중에서 선택하세요.

1

① 景気が急に悪くなり、(　　　　) 彼の会社は倒産してしまった。
② 車が渋滞しているのは分かるが、(　　　　) 遅いよね。

③ 今、投資するのは危険だが、(　　　　) 今しかチャンスがないからやってみようと思う。

④ よく見てね、箸は (　　　　) 使うんだよ。

> ⓐ それにしても　　ⓑ こうして　　ⓒ そのため
> ⓓ それでも　　ⓔ それなら

2

① 見た目は平凡ですが、実は (　　　　) 人じゃないんだよ。

② 痩せるどころか、50代になってからは太る (　　　　) なんだ。

③ 入場は自由ですが、(　　　　) 子供はお断りです。

④ 「生きることは (　　　　) 戦いだ」と社長は言った。

> ⓐ 一方　ⓑ ただの　ⓒ すると　ⓓ ただし　ⓔ すなわち

정답

1 ① b ② a ③ b ④ b ⑤ a
2 **1** ① c ② a ③ d ④ b **2** ① b ② a ③ d ④ e

1 (　　) に入れるのに最もよいものを、a・b・c・d から一つえらびなさい。

① 政権が変わって政府は新しい政策を(　　　)。

　ⓐ 打ち出した　　　ⓑ 聞き返した
　ⓒ 言い付けた　　　ⓓ 問いかけた

② どんな理由があっても人権を(　　　)ことは許されない。

　ⓐ 従う　ⓑ 守る　ⓒ 犯す　ⓓ 触れる

③ 時間になりましたから、(　　　)授業を始めましょう。

　ⓐ あっさり　ⓑ 素早く　ⓒ まさに　ⓓ 早速

④ 歴史に対する理解の違いで、韓国と日本の(　　　)が深まった。

　ⓐ 関係　ⓑ 信頼　ⓒ 感情　ⓓ 対立

⑤ 数が少ないので100個に(　　　)販売することにします。

　ⓐ 限って　ⓑ 抑えて　ⓒ 決めて　ⓓ かけて

⑥ 会社の発展のためには、いつも新しい技術を（　　　）必要があります。

ⓐ 取り返す　　　　　ⓑ 取り替える
ⓒ 取り入れる　　　　ⓓ 取り付ける

⑦ 一日中仕事をして、とても疲れた。（　　　）今日は早く寝ることにした。

ⓐ それに　ⓑ それでは　ⓒ そこで　ⓓ そしたら

⑧ 日本は軍隊がなく、自国を守る（　　　）だけです。

ⓐ 自衛隊　ⓑ 防衛隊　ⓒ 防御隊　ⓓ 自国隊

2 説明に最も合う言葉を、a・b・c・d から一つえらびなさい。

① 自分の失敗や責任などを、他人のせいにする。

ⓐ 罪を犯す　ⓑ 罪を着せる　ⓒ 罪を隠す　ⓓ 罪を逃れる

② 責任を逃れるための理屈、またはいいがかりの材料。

ⓐ 代弁　ⓑ 辞令　ⓒ 口実　ⓓ 独り言

③ 昔から言い伝えられた教訓を含んだ言葉。

ⓐ 方言　ⓑ 諺　ⓒ なまり　ⓓ 小言

④ ヨーロッパとアメリカを合わせた名称。

ⓐ 欧州　ⓑ 欧米　ⓒ 欧美　ⓓ 米欧

3 _____ に最も意味が近いものを、a・b・c・d から一つえらびなさい。

① 生きるためにあらゆることを試みた。

ⓐ 何との　ⓑ 全ての　ⓒ ただの　ⓓ 絶対の

② これが目安になります。

ⓐ 目標　ⓑ 慰め　ⓒ 基準　ⓓ 喜び

③ 重要な書類ですからじかに手渡すことにします。

ⓐ 前もって　ⓑ 大事に　ⓒ 直接　ⓓ まさに

④ 景気が次第によくなってきています。

ⓐ まったく　ⓑ 急激に　ⓒ だんだんと　ⓓ ぜんぜん

4 つぎのことばの使い方として最もよいものを、a・b・c・dから一つえらびなさい。

① 口が上手い
   ⓐ 私の妻は料理が上手なので、私は口が上手い。
   ⓑ 彼は口が上手いから、だまされないように気をつけてね。
   ⓒ 先生は口が上手いので説明が分かりやすい。
   ⓓ 口が上手い人は皆に好かれる。

② 今に
   ⓐ 「そんなに遊んでばかりいたら、今に後悔するよ。」
   ⓑ 今に考えれば、会社を辞めるんじゃなかった。
   ⓒ 「勉強しなさい。」「はい、今にします。」
   ⓓ ドラマは今におもしろいから、早く見たら？

③ 引っ掛かる
   ⓐ 服を引っ掛かって出て行けない。
   ⓑ 海外で買い物をしすぎて、税関に引っ掛かった。
   ⓒ 先生に引っ掛かって、叱られた。
   ⓓ 調査の結果、やっと犯人に引っ掛かった。

④ きっぱり
   ⓐ 服をきっぱりと着て出かけた。
   ⓑ 私はきっぱりした人が好きです。
   ⓒ 友達の誘いをきっぱりと断った。
   ⓓ この料理はきっぱりしていておいしい。

＊정답은 300쪽을 확인하세요.

Day 31 쇼핑, 패션, 장사
Day 32 생각, 사고, 측정
Day 33 산업, 기술, 농업, 산림
Day 34 여가, 문화, 건축, 예술
Day 35 가타카나어 1

Day 31 쇼핑, 패션, 장사

📱 팟캐스트에서 저자의 강의를 들으며 책을 보세요.

☐ 追加注文 (ついかちゅうもん)	추가 주문
☐ 時間が惜しい (じかんがおしい)	시간이 **아깝다**
☐ 香水をつける (こうすい)	**향수**를 뿌리다
☐ 青白い肌の色 (あおじろいはだのいろ)	창백한 피부색
☐ 売れ行きがいい (うれゆき)	매상이 좋다
☐ 大げさな反応 (おおげさなはんのう)	과장된 반응
☐ 現金に換える (げんきんにかえる)	현금으로 바꾸다
☐ 看板を下ろす (かんばんをおろす)	간판을 내리다
☐ 着替えがない (きがえ)	갈아입을 옷이 없다
☐ 下駄のひもが切れる (げた・きれる)	게다 끈이 **끊어지다**
☐ 紺の制服 (こんのせいふく)	감색(어두운 남색) 교복
☐ 実際と違う (じっさいとちがう)	실제와 다르다
☐ 地味な服装 (じみなふくそう)	수수한 복장
☐ 住宅を売買する (じゅうたくをばいばい)	**주택**을 매매하다

☐ 人通(ひとどお)りが多(おお)い	사람의 왕래가 많다
☐ 全(まった)く違(ちが)う	전혀 다르다
☐ 紫色(むらさきいろ)の花(はな)	보라색 꽃
☐ 割(わ)れ易(やす)い物(もの)	깨지기 쉬운 물건
☐ 浴衣(ゆかた)を着(き)る	유카타를 입다
☐ ぞうりをはく	조리를 신다
☐ くたびれた洋服(ようふく)	낡아 빠진 옷
☐ くたびれて元気(げんき)がない	지쳐서 힘이 없다
☐ しまった、財布(さいふ)を忘(わす)れた。	아차, 지갑을 잊고 왔다.
☐ だぶだぶの上着(うわぎ)	헐렁헐렁한 외투
☐ 服(ふく)がくっつく	옷이 들러붙다
☐ 和服(わふく)を着(き)る	일본옷(기모노)을 입다
☐ 商品(しょうひん)が売(う)り切(き)れる	상품이 다 팔리다(매진되다)
☐ 着物(きもの)の帯(おび)の結(むす)び方(かた)	기모노 띠의 매는 방법
☐ 作業服(さぎょうふく)に着替(きが)える	작업복으로 갈아입다
☐ それは好(す)き好(ず)きだ	그것은 각자 취향이다
☐ 足袋(たび)をはく	(일본식) 버선을 신다

☐ 肌着(はだぎ)を着(き)る	**속옷**을 입다
☐ 来年(らいねん)に流行(はや)るスタイル	내년에 **유행할** 스타일
☐ 半袖(はんそで)シャツ	**반소매** 셔츠
☐ しま模様(もよう)の服(ふく)	**줄무늬** 옷
☐ 賞品(しょうひん)をもらう	**상품**을 받다

연습문제

1 알맞은 어휘에 체크하세요.

① 夏祭(なつまつ)りでは (ⓐ 浴衣(ゆかた) ⓑ 振袖(ふりそで))を着(き)た人(ひと)たちをよく見(み)かける。

② 華(はな)やかなパーティーなのに、彼女(かのじょ)は一人(ひとり) (ⓐ 地味(じみ) ⓑ 味見(あじみ))な服装(ふくそう)で来(き)た。

③ 商売(しょうばい)がうまくいかなくて、先月(せんげつ) (ⓐ 看板(かんばん) ⓑ お店(みせ))を下(お)ろしました。

④ 今日(きょう)は汗(あせ)をかくかもしれないので、(ⓐ 履(は)き替(か)え ⓑ 着替(きが)え)を持(も)って行(い)った方(ほう)がいいですよ。

⑤ 兄(あに)の服(ふく)を借(か)りて着(き)てみたが、(ⓐ くたびれて ⓑ だぶだぶ)で似合(にあ)わない。

2 괄호 안에 들어갈 어휘를 a・b・c・d・e 중에서 선택하세요.

1

① 地下鉄に乗っている時間が（　　　　）ので、その時間に単語を覚えます。
② 駅前はいつも（　　　　）が多くて、混雑します。
③ お正月などには（　　　　）を着る人が多いです。
④ 出場した大会で優勝して（　　　　）をもらいました。

> ⓐ惜しい　ⓑ和服　ⓒ賞品　ⓓ足袋　ⓔ人通り

2

① この商品は人気が高くて、2時間で全部（　　　　）しまいました。
② この服が肌に（　　　　）ちょっと不便です。
③ 「すみませんが、このチケット、現金に（　　　　）もらえませんか。」
④ 叔父はアパートを（　　　　）お金をもうけました。

> ⓐ売り切れて　ⓑ換えて　ⓒ売買して
> ⓓ書き換えて　ⓔくっついて

정답

1 ①a ②a ③a ④b ⑤b
2 **1** ①a ②e ③b ④c　**2** ①a ②e ③b ④c

Day 32 생각, 사고, 측정

팟캐스트에서 저자의 강의를 들으며 책을 보세요.

□ 決意を新たにする	결의를 **새롭게** 하다
□ 異常な食習慣	**이상한** 식습관
□ 人生の意義	인생의 **의의**
□ 万一の場合	**만일**의 경우
□ 安易な考え	**안이한** 생각
□ おもしろい結末	재미있는 **결말**
□ 公式を応用する	**공식을 응용**하다
□ 空想科学	**공상** 과학
□ 対策を工夫する	대책을 **궁리**하다
□ 否定的な見解	**부정적인 견해**
□ 事情を考慮する	사정을 **고려**하다
□ 思想の自由	**사상**의 자유
□ 重点を置く	**중점**을 두다
□ 優秀な頭脳	우수한 **두뇌**

208

☐ 創作活動	**창작** 활동
☐ 花に例える	꽃에 **비유하다**
☐ 知恵を借りる	**지혜**를 빌리다
☐ 新品と同様だ	신품이나 **마찬가지**다
☐ 意見を反映する	의견을 **반영**하다
☐ 事実を基に話す	사실을 **근거**로 말하다
☐ 要旨を捉える	**요지를 파악하다**
☐ 要点をまとめる	**요점**을 정리하다
☐ 例外を認める	**예외**를 인정하다
☐ 基準を当てはめる	기준에 **적용시키다**
☐ 結果は予期に反した	결과는 **예기**에 반했다
☐ 不注意に因るミス	부주의에 **의한** 실수
☐ 連想ゲーム	**연상** 게임
☐ 私なりの解釈	내 나름의 **해석**
☐ じっと考え込む	가만히 **생각에 잠기다**
☐ 固定観念	고정 **관념**
☐ 苦心して作る	**고심**해서 만들다

☐ 心当たりがある	짚이는 데가 있다
☐ 承知しております	알고 있습니다
☐ 契約が成立する	계약이 성립하다
☐ 断定的に言う	단정적으로 말하다
☐ 知能の高い動物	지능이 높은 동물
☐ 期間の長短	기간의 장단(길고 짧음)
情報化の長短	정보화의 장단(장점과 단점)
☐ 叱られて当然だ	꾸중 들어 당연하다
☐ 見方の違い	견해의 차이
☐ 太陽を観測する	태양을 관측하다
☐ 人口を推定する	인구를 추정하다
☐ 距離を測定する	거리를 측정하다
☐ 土地を測量する	토지를 측량하다
☐ 温度を調節する	온도를 조절하다
☐ 体重を量る	체중을 재다
☐ 地震予測データ	지진 예측 데이터
☐ 無能だと非難する	무능하다고 비난하다

- 単なるうわさ — 단순한 소문
- 意外に安い — 의외로 싸다
- 疑問を抱く — 의문을 품다
- 意見を押し通す — 의견을 관철시키다
- それが原因と思える — 그것이 원인이라고 생각되다

연습문제

1 알맞은 어휘에 체크하세요.

① 今年、大地震が起こるというのは (ⓐ 重大な ⓑ 単なる) うわさに過ぎません。

② 世界の人口を (ⓐ 限定する ⓑ 推定する) と、現在約74億です。

③ 今後は市民の意見を (ⓐ 反射して ⓑ 反映して) 政策を決めるつもりです。

④ 警察は (ⓐ 万全 ⓑ 万一) の場合に備えて警戒している。

⑤ 少し我慢すれば景気がよくなるだろうという (ⓐ 安易 ⓑ 安全) な考えは捨てた方がいい。

2 괄호 안에 들어갈 어휘를 a・b・c・d・e 중에서 선택하세요.

1

① 警察は (　　　　) の場合に備えて、機動隊を待機させておいた。

② 今後は安全に (　　　　) を置いて、建物を建設する予定です。

③ この車、買って5年も経っているのに新品と（　　　）です。
④ 人によって（　　　）が違うので、同意を得られないこともある。

> ⓐ同様　ⓑ見方　ⓒ万一　ⓓ知恵　ⓔ重点

2

① 弟は失敗の原因について（　　　）しまって、何も手につかないようだ。
② 昔から出生の秘密について疑問を（　　　）いた。
③ すべてを外国の基準に（　　　）評価するのはよくない。
④ 先生は生徒の育った環境を（　　　）指導していかなければならない。

> ⓐ考え込んで　ⓑ当てはめて　ⓒ考慮して
> ⓓ抱いて　ⓔまとめて

정답

1 ①b ②b ③b ④b ⑤a
2 **1** ①c ②e ③a ④b **2** ①a ②d ③b ④c

Day 33 산업, 기술, 농업, 산림

📱 팟캐스트에서 저자의 강의를 들으며 책을 보세요.

☐ 架空の人物 (かくう じんぶつ)	가공의 인물
☐ 道具を用いる (どうぐ もちいる)	도구를 사용하다
☐ 草を刈る (くさ か)	풀을 베다
☐ 部品を組み立てる (ぶひん く た)	부품을 조립하다
☐ 重大な欠陥 (じゅうだい けっかん)	중대한 결함
☐ 機械工学 (きかいこうがく)	기계 공학
☐ 鉱物資源 (こうぶつしげん)	광물 자원
☐ 商業高校 (しょうぎょうこうこう)	상업 고등학교
☐ 総合商社 (そうごうしょうしゃ)	종합 상사
☐ 水産資源 (すいさんしげん)	수산 자원
☐ 映画を制作する (えいが せいさく)	영화를 제작하다
☐ 機械を整備する (きかい せいび)	기계를 정비하다
☐ 人生を設計する (じんせい せっけい)	인생을 설계하다
☐ 医療設備 (いりょうせつび)	의료 설비

☐ 造船技術	조선 기술
☐ 自動装置	자동 장치
☐ 田を耕す	논을 갈다
☐ 田植えをする	모내기를 하다
☐ 炭鉱を見学する	탄광을 견학하다
☐ 電子辞書	전자사전
☐ 電波に乗る	전파를 타다(방송을 타다)
☐ 電流を流す	전류를 흘려 보내다
☐ 電力会社	전력 회사
☐ 農薬を撒く	농약을 뿌리다
☐ 発掘の現場	발굴 현장
☐ 広く普及する	널리 보급하다
☐ 大型自動車	대형 자동차
☐ 新型テレビ	신형 텔레비전
血液型	혈액형
☐ 物資を供給する	물자를 공급하다
☐ 原料を加工する	원료를 가공하다

小型（こがた）の自動車（じどうしゃ）	소형 자동차
機械（きかい）を作製（さくせい）する	기계를 제작하다
山林（さんりん）に囲（かこ）まれる	산림으로 둘러싸이다
敷地面積（しきちめんせき）	대지(부지) 면적
木（き）が茂（しげ）る	나무가 우거지다
ごみを処理（しょり）する	쓰레기를 처리하다
森林（しんりん）を守（まも）る	삼림을 지키다
ケータイを製造（せいぞう）する	휴대 전화를 제조하다
性能（せいのう）を試（ため）す	성능을 시험하다
最先端（さいせんたん）の技術（ぎじゅつ）	최첨단 기술
田（た）んぼに稲（いね）を植（う）える	논에 벼를 심다
芽（め）が生（は）える	싹이 나다
広（ひろ）い平野（へいや）	넓은 평야
発売（はつばい）される予定（よてい）だ	발매될 예정이다
日程（にってい）を調整（ちょうせい）する	일정을 조정하다
電気系統（でんきけいとう）が故障（こしょう）する	전기 계통이 고장나다
器械体操（きかいたいそう）	기계 체조

- <ruby>運動<rt>うんどう</rt></ruby><ruby>器具<rt>きぐ</rt></ruby>　　　　　　　　운동 **기구**

- <ruby>車輪<rt>しゃりん</rt></ruby>が<ruby>回<rt>まわ</rt></ruby>る　　　　　　　**바퀴**가 돌다

- <ruby>木材<rt>もくざい</rt></ruby>を<ruby>輸入<rt>ゆにゅう</rt></ruby>する　　　　**목재**를 수입하다

- <ruby>材木<rt>ざいもく</rt></ruby>を<ruby>使<rt>つか</rt></ruby>った<ruby>家<rt>いえ</rt></ruby>　　　**목재**를 사용한 집

- <ruby>耕地<rt>こうち</rt></ruby>ににんじんを<ruby>植<rt>う</rt></ruby>える　**경작지**에 당근을 심다

- <ruby>機能<rt>きのう</rt></ruby>を<ruby>紹介<rt>しょうかい</rt></ruby>する　　　**기능**을 소개하다

연습문제

1 알맞은 어휘에 체크하세요.

① 他社の動向を見て発売の日程を (ⓐ 調整する ⓑ 調子する) 予定です。

② ここ数年の間に、スマートフォンが広く (ⓐ 普及しました ⓑ 配給しました)。

③ 春になると芽が (ⓐ 植えて ⓑ 生えて) 花も咲きます。

④ 来週、新しい車が (ⓐ 発売される ⓑ 発売させる) 予定です。

⑤ このごろは誰でも単語を探すとき (ⓐ 電気辞書 ⓑ 電子辞書) を使っています。

2 괄호 안에 들어갈 어휘를 a·b·c·d·e 중에서 선택하세요.

1

① 最近、コンクリートより (　　　　　) を使った家が人気があります。

② Ｓ社は世界の中でも (　　　　　) の技術を持っています。

③ 街でインタビューを受けて、人生で初めて（　　　　）に乗りました。
④ 日本は道が狭いので、大きい車より（　　　　）の自動車が人気があります。

> ⓐ電波　ⓑ最先端　ⓒ新型　ⓓ木材　ⓔ小型

2

① 電化製品は買う前に、必ず性能を（　　　　）から買った方がいいです。
② 地震の被害地では、早く食料を（　　　　）ほしいと訴えています。
③ どこの農家でも害虫が多いので農薬を（　　　　）います。
④ 「草がだいぶ伸びたので、明日は庭の草を（　　　　）くださいね。」

> ⓐ試して　ⓑ撒いて　ⓒ磨いて　ⓓ供給して　ⓔ刈って

정답

1 ①a ②a ③b ④a ⑤b
2 **1** ①d ②b ③a ④e　**2** ①a ②d ③b ④e

Day 34 여가, 문화, 건축, 예술

📱 팟캐스트에서 저자의 강의를 들으며 책을 보세요.

☐ 生け花を習う	꽃꽂이를 배우다
☐ 絵の具を塗る	그림물감을 칠하다
☐ 演技が下手だ	연기가 서툴다
☐ 役を演じる	(맡은) 배역을 연기하다
☐ 好きなチームを応援する	좋아하는 팀을 응원하다
☐ 神社にお参りする	신사에 참배하다
☐ 住宅を改造する	주택을 개조하다
☐ 垣根を飛び越える	울타리를 뛰어넘다
☐ 競技に参加する	경기에 참가하다
☐ 教養を積む	교양을 쌓다
☐ 芝居の稽古	연극 연습
☐ 劇に出る	극에 출연하다
☐ ボールを蹴る	공을 차다
☐ 高層ビル	고층 빌딩

写真を**撮影**する (しゃしん・さつえい)	사진을 **촬영**하다
寺院を建てる (じいん・た)	**사원**을 건립하다
相撲を取る (すもう・と)	**스모**를 하다
瀬戸物を焼く (せともの・や)	**도자기**를 굽다
球を投げる (たま・な)	**공**을 던지다
動物の**彫刻** (どうぶつ・ちょうこく)	동물 **조각**
家を**造る** (いえ・つく)	집을 **짓다**
父と**釣り**に行く (ちち・つ・い)	아버지와 **낚시**를 가다
天井が低い (てんじょう・ひく)	**천장**이 낮다
軒を並べる (のき・なら)	**처마**를 나란히 하다(집이 많다)
派手な**柄** (はで・がら)	**화려한 무늬**
花火大会 (はなび・たいかい)	**불꽃**놀이
笛を吹く (ふえ・ふ)	**피리**를 불다
塀を**崩す** (へい・くず)	담을 **허물다**
日本の**民謡** (にほん・みんよう)	일본의 **민요**
南向きの部屋 (みなみむ・へや)	남**향**인 방
煉瓦を積む (れんが・つ)	**벽돌**을 쌓다

□ じゃんけんで決める	가위바위보로 정하다
□ 日本の伝統家屋	일본의 **전통 가옥**
□ 割れた瓦	깨진 **기와**
□ 園芸を学ぶ	**원예**를 배우다
□ 活力を得る	**활력**을 얻다
□ 観客が少ない	**관객**이 적다
□ 映画を鑑賞する	영화를 **감상**하다
□ 建物が崩れる	건물이 **무너지다**
□ 伝統工芸を作る	**전통 공예**를 만들다
□ 家の構造	집의 **구조**
□ 琴を弾く	**가야금**을 연주하다
□ 書道を習う	**서예**를 배우다
□ 城を敵から守る	**성**을 적으로부터 지키다
□ 文芸作品	**문예** 작품
□ 障子を張る	**장지**를 바르다
□ 競馬が始まる	**경마**가 시작되다
□ 将棋を指す	**장기**를 두다

- 地図を描く 지도를 **그리다**

연습문제

1 알맞은 어휘에 체크하세요.

① 知的なゲームとして (ⓐ囲碁 ⓑ将棋) を指す人が多いです。

② 日本では1月1日に神社に (ⓐ参加する ⓑお参りする) のが恒例です。

③ 公演が近づき、芝居の (ⓐ稽古 ⓑ実習) に励んでいる。

④ 何かを公平に決めるには (ⓐしゃんけん ⓑじゃんけん) が一番です。

⑤ 韓国のシルムに似た (ⓐ相撲 ⓑ柔道) は今でも人気がある。

2 괄호 안에 들어갈 어휘를 a·b·c·d·e 중에서 선택하세요.

1

① 日本では地震が多いので (　　　　) を積んだ家は危険です。

② 戦国時代の武士達は (　　　　) を造って敵から守りました。

③ 昔からの家は、屋根に(　　　)が使われています。

④ 西欧の家に比べて日本の家の(　　　)が低いのは、日本人の背が低いからだろう。

- ⓐ 城　ⓑ 瓦　ⓒ 煉瓦　ⓓ 垣根　ⓔ 天井

2

① 子供たちがグラウンドでボールを(　　　)遊んでいます。

② 大会の様子をカメラマンが(　　　)いる。

③ 今回の地震で多くの建物が(　　　)しまいました。

④ 私の趣味は映画を(　　　)ブログで紹介することです。

- ⓐ 壊れて　ⓑ 撮影して　ⓒ 鑑賞して
- ⓓ 改造して　ⓔ 蹴って

정답

1 ①b ②b ③a ④b ⑤a
2 **1** ①c ②a ③b ④e **2** ①e ②b ③a ④c

Day 35 가타카나어 1

📱 팟캐스트에서 저자의 강의를 들으며 책을 보세요.

□ 生活パターン	생활 패턴
□ ペンキを塗る	페인트를 칠하다
□ テントを張る	텐트를 치다
□ ダイヤルを回す	다이얼을 돌리다
□ マーケットリサーチ	시장 조사
□ スクールバス	스쿨버스
□ スカーフを巻く	스카프를 두르다
□ 広いテニスコート	넓은 테니스 코트
□ 毎日トレーニングする	매일 트레이닝하다
□ 急カーブ	급커브
□ レインコートを着る	우비를 입다
□ ダムを造る	댐을 만들다
□ AイコールB	A 이퀄(등호) B
□ レンズを交換する	렌즈를 교환하다

☐ タイヤの跡(あと)	**타이어** 자국
☐ 野球部(やきゅうぶ)の**キャプテン**	야구부의 **주장**
☐ **ネックレス**をつける	**목걸이**를 하다
☐ **トップスター**	**톱스타**
☐ **ウイスキー**を水(みず)で割(わ)る	**위스키**에 물을 타다
☐ **ロビー**で待(ま)つ	**로비**에서 기다리다
☐ **ランニング**をする	**달리기**를 하다
☐ **ファスナー**を締(し)める	**지퍼**를 잠그다
☐ **チップ**をあげる	**팁**을 주다
☐ **ブラシ**をかける	**솔**질을 하다
☐ 選手(せんしゅ)を**コーチ**する	선수를 **코치**하다
☐ **ギフトショップ**	선물 **가게**
☐ **キャンパス**ライフ	**캠퍼스** 라이프
☐ **サラリーマン**の悩(なや)み	**샐러리맨**의 고민
☐ **サンプル**を比(くら)べる	**샘플**을 비교하다
☐ **ステージ**を去(さ)る	**무대**를 떠나다
☐ **コミュニケーション**を取(と)る	**커뮤니케이션**을 취하다

☐	安全ピン	안전핀
☐	有名なジャーナリスト	유명한 저널리스트
☐	何センチですか	몇 센티미터입니까?
☐	パイプが詰まる	파이프가 막히다
☐	ウエートレスが皿を下げる	웨이트리스가 그릇을 치우다
☐	野球シーズン	야구 시즌
☐	サイレンを鳴らす	사이렌을 울리다
☐	カセットテープ	카세트 테이프
☐	切手コレクション	우표 수집
☐	レジャー用品	레저 용품
☐	パンツをはく	바지를 입다
☐	サークル活動	서클 활동
☐	針金をペンチで切る	철사를 펜치로 끊다
☐	エプロンをかける	앞치마를 걸치다
☐	日帰りコース	당일치기 코스
☐	グランドピアノ	그랜드 피아노
☐	チョークで印をする	분필로 표시를 하다

- **モデル出身** — 모델 출신
- **車のナンバー** — 자동차 번호
- **ゼミの準備** — 세미나 준비
- **ライトを消す** — 라이트를 끄다
- **一番高いビルディング** — 가장 높은 빌딩
- **ガムをかむ** — 껌을 씹다
- **ミーティングに参加する** — 미팅에 참가하다

연습문제

1 알맞은 어휘에 체크하세요.

① 社会人になったので生活 (ⓐ ペターン　ⓑ パターン) を変えなければならない。

② 母が誕生日に (ⓐ グレンドピアノ　ⓑ グランドピアノ) を買ってくれた。

③ どんな商品か確認したいので (ⓐ サンプル　ⓑ センプル) を送ってください。

④ デートの時、黄色い (ⓐ スカープ　ⓑ スカーフ) を巻いて出かけました。

⑤ 毎朝、子供は (ⓐ スクルバス　ⓑ スクールバス) に乗って学校に行きます。

2 괄호 안에 들어갈 어휘를 a・b・c・d・e 중에서 선택하세요.

1

① 午後から雨が降りそうなので (　　　　) を着ていくことにしました。

② 私の趣味は切手を (　　　　) することです。

③ 妻は台所で(　　　　)をかけて料理をしています。

④ 彼は有名な(　　　　)で、時々、雑誌などで紹介されます。

> ⓐコレクション　ⓑエプロン　ⓒレジャー
> ⓓレインコート　ⓔジャーナリスト

2

① 私の会社は大阪で一番高い(　　　)で、とても目立ちます。
② 午後から(　　　)がありますから、資料を準備してください。
③ 私は健康のために、毎日1時間ぐらい(　　　)をしています。
④ 今月、試合があるのできびしい(　　　)をつんでいます。

> ⓐジョギング　ⓑビルディング　ⓒトレーニング
> ⓓミーティング　ⓔショッピング

정답

1 ①b ②b ③a ④b ⑤b
2 ①①d ②a ③b ④e　②①b ②d ③a ④c

1 (　　) に入れるのに最もよいものを、a・b・c・d から一つえらびなさい。

① 弟を動物に (　　　　) と子犬だと思います。

   ⓐ 比べる ⓑ 例える ⓒ 測る ⓓ 当てる

② 若いころは野球部の (　　　　) として活躍しました。

   ⓐ キャプティン　　　　ⓑ キャプテン
   ⓒ キャプデン　　　　　ⓓ キャップテン

③ せっかく買ってもらったのに、服が (　　　　) で着れませんでしたよ。

   ⓐ ぎりぎり ⓑ がたがた ⓒ だぶだぶ ⓓ でぶでぶ

④ 皆が知っている孫悟空は、実は (　　　　) の人物です。

   ⓐ 仮想 ⓑ 偽物 ⓒ 本物 ⓓ 架空

⑤ 時間がないので (　　　　) をまとめて話してください。

   ⓐ 重点 ⓑ 観点 ⓒ 焦点 ⓓ 要点

⑥ カンボジアは仏教の国なので有名な（　　　）がたくさんあります。

　ⓐ 神社　ⓑ 寺院　ⓒ 城　ⓓ かぶせ

⑦ 車には重大な（　　　）があったので、リコールされました。

　ⓐ 欠陥　ⓑ 欠損　ⓒ 欠点　ⓓ 欠輪

⑧ 今回の事件について、何か（　　　）がありますか。

　ⓐ 心配り　ⓑ 心当たり　ⓒ 思い付き　ⓓ 思い知り

2 説明に最も合う言葉を、a・b・c・dから一つえらびなさい。

① 考え方や態度などを最後まで変えずに貫く。

　ⓐ 断定する　ⓑ 押し通す　ⓒ 苦心する　ⓓ 主張する

② 電波に乗る。

　ⓐ 空を飛ぶ　　　　ⓑ テレビに出る
　ⓒ 調子に乗る　　　ⓓ 元気になる

③ 家の周囲や庭などの囲いや仕切り。

　ⓐ 植木　ⓑ 防波堤　ⓒ 垣根　ⓓ 軒

④ 趣味や消費活動などで余暇を楽しむこと。

　ⓐ スポーツ　ⓑ レジャー　ⓒ サークル　ⓓ リフティング

3 _____ に最も意味が近いものを、a・b・c・d から一つえらびなさい。

① 性能を<u>試す</u>。

　ⓐ 検討する　ⓑ 開発する　ⓒ テストする　ⓓ 疑う

② 国によって<u>見方</u>の違いがある。

　ⓐ 判断　ⓑ 基準　ⓒ 見解　ⓓ 貧富

③ 地下鉄に乗っている時間が<u>惜しい</u>。

　ⓐ 大切だ　ⓑ もったいない　ⓒ 無駄だ　ⓓ 貴重だ

④ 子供の頃、<u>書道</u>を習っていました。

　ⓐ 書記　ⓑ 習字　ⓒ 寺子屋　ⓓ 書壇

4 つぎのことばの使い方として最もよいものを、a・b・c・dから一つえらびなさい。

① 心当たり
   ⓐ 彼は心当たりが優しいです。
   ⓑ この本は心当たりがあって人気があります。
   ⓒ 不幸な人生に心当たりがします。
   ⓓ 彼の行きそうな場所に心当たりはありますか。

② お参りする
   ⓐ 時間があったら私の家にお参りしてください。
   ⓑ 先生に呼ばれて、母が学校にお参りしました。
   ⓒ 何か願い事があれば、必ず神社にお参りします。
   ⓓ 皆で集会にお参りしましょう。

③ 組み立てる
   ⓐ 人気のテレビ番組を組み立てるのが私の趣味です。
   ⓑ 私は弟を教師に組み立てるつもりです。
   ⓒ プラモデルを組み立てるのはとても楽しいです。
   ⓓ 自分の意見を組み立てるのは簡単じゃなです。

④ 大げさ
   ⓐ 今日は大げさに運動して気分がすっきりしました。
   ⓑ そんなことで驚くなんてちょっと大げさですよ。
   ⓒ できればもう少し大げさにしてください。
   ⓓ この服はちょっと大げさなので、着れません。

*정답은 300쪽을 확인하세요.

Day 36 **도전, 싸움, 무기**
Day 37 **모임, 회의, 능력(장단점)**
Day 38 **여행, 계획, 소망, 추억**
Day 39 **동물, 식물, 종류, 기타**
Day 40 **가타카나어 2**

Day 36 도전, 싸움, 무기

팟캐스트에서 저자의 강의를 들으며 책을 보세요.

☐ 人命救助 (じんめいきゅうじょ)	인명 **구조**
☐ 避難訓練 (ひなんくんれん)	**피난(대피)** 훈련
☐ 警告を無視する (けいこく・むし)	**경고**를 무시하다
☐ 命が危うい (いのち・あや)	목숨이 **위태롭다**
☐ 先を争う (さき・あらそ)	앞을 **다투다**
☐ かたきを討つ (う)	원수를 **갚다**
☐ 真剣勝負 (しんけんしょうぶ)	진검 **승부**
☐ 第2次世界大戦 (だい・じ・せかいたいせん)	제2차 세계**대전**
☐ 食糧を蓄える (しょくりょう・たくわ)	**식량**을 비축하다
☐ ピストルの弾 (たま)	권총의 **총알**
☐ 鉄砲を撃つ (てっぽう・う)	총을 **쏘다**
☐ 銅メダル (どう)	**동**메달
☐ 人を殴る (ひと・なぐ)	사람을 **때리다**
☐ 冒険談・冒険心 (ぼうけん・ぼうけんしん)	**모험**담/**모험**심

暴力を振るう	폭력을 휘두르다
優勝を目指す	우승을 목표로 하다
油断するな！	방심하지 마!
自分の強みと弱み	자신의 강점과 약점
ボールを打ち返す	공을 되받아치다
裏口入学	부정 입학
勝利を収める	승리를 거두다(얻다)
生命を脅かす	생명을 위태롭게 하다
選手として活躍する	선수로서 활약하다
これを契機として	이것을 계기로
銃を持って戦う	총을 들고 싸우다
勝敗が決まる	승패가 결정되다
相手を攻める	상대를 공격하다
先頭に立つ	선두에 서다
将来に備える	장래를 대비하다
試しにやってみる	시험(시도) 삼아 해 보다
中立の立場	중립의 입장

□ とび箱を跳ぶ	뜀틀을 뛰다
□ 獲物を逃がす	사냥감을 놓치다
□ 絶好のチャンスを逃す	절호의 기회를 놓치다
□ 核爆発 不満が爆発する	핵폭발 불만이 폭발하다
□ ミサイル発射	미사일 발사
□ 反抗的な態度	반항적인 태도
□ 引分に持ち込む	무승부로 끌고 가다
□ 必死に逃げる	필사적으로 도망치다
□ 武器を取る	무기를 들다
□ 子供のお尻を打つ	아이의 엉덩이를 때리다
□ 集中攻撃	집중 공격
□ 強力な味方	강력한 아군

연습문제

1 알맞은 어휘에 체크하세요.

① 彼はどうも親の財力で (ⓐ 裏口入学 ⓑ 正規入学) をしたらしい。

② 同点ゴールを入れてやっと (ⓐ 引分 ⓑ 勝ち) に持ち込んだ。

③ 日本旅行を (ⓐ 機会 ⓑ 契機) に日本語を学び始めました。

④ 20年かかってやっと親のかたきを (ⓐ 叩きました ⓑ 討ちました)。

⑤ 残念ながら、もう少しのところで犯人を (ⓐ 捕らえて ⓑ 逃して) しまった。

2 괄호 안에 들어갈 어휘를 a·b·c·d·e 중에서 선택하세요.

1

① 学校で (　　　　) をふるう子が増えて、先生も困っているそうです。

② 実際にできるかどうか一度 (　　　　) にやってみます。

③ 北朝鮮は今年に入って何度もミサイル（　　　）をしている。

④ 犯人は警察の（　　　　　）を無視して逃げた。

- ⓐ発射　ⓑ爆発　ⓒ暴力　ⓓ警告　ⓔ試し

2

① 銃の音に驚いて、みんな先を（　　　　）逃げた。

② お酒に酔って、人を（　　　　）怪我をさせてしまった。

③ 自分より弱いと思って、（　　　　）負けてしまった。

④ 災害に（　　　　）、避難道具を準備しています。

- ⓐ殴って　ⓑ争って　ⓒ逃げて　ⓓ備えて　ⓔ油断して

정답

1 ①a ②a ③b ④b ⑤b
2 ❶ ①c ②e ③a ④d　❷ ①b ②a ③e ④d

Day 37 모임, 회의, 능력(장단점)

📱 팟캐스트에서 저자의 강의를 들으며 책을 보세요.

☐ 打ち合わせをする	미리 **상의**를 하다
☐ 開会のあいさつ	**개회** 인사
☐ 記者会見を開く	기자 **회견**을 열다
☐ 議長を決める	**의장**을 정하다
☐ 客観的に考える	**객관적**으로 생각하다
☐ 議論に熱を上げる	**의논**에 열을 올리다
☐ 雨でも決行する	비가 와도 **결행**하다
☐ 公式に認める	**공식**으로 인정하다
☐ 公正な取引	**공정**한 거래
☐ 効力を失う	**효력**을 잃다
☐ 送別会を開く	**송별**회를 열다
☐ 短所を改める	**단점**을 개선하다
☐ 弱点を突く	**약점**을 공격하다
☐ 意見を統一する	의견을 **통일**하다

- 能率が上がる　　　　　능률이 오르다
- 会議が延びる　　　　　회의가 길어지다
- 実力を発揮する　　　　실력을 발휘하다
- 話し合いをする　　　　의논을 하다
- 手間を省く　　　　　　수고를 덜다
- 利害関係　　　　　　　이해 관계
- 会社がつぶれる　　　　회사가 망하다
- 意見がまとまる　　　　의견이 모아지다
- 委員会が無事に終わる　위원회가 무사히 끝나다
- 公園で集会する　　　　공원에서 집회하다
- 校長に就任する　　　　교장으로 취임하다
- 恵まれた素質　　　　　타고난 소질
- 討論会　　　　　　　　토론회
- 特徴のある声　　　　　특징 있는 목소리
- 特長を生かす　　　　　(특별한) 장점을 살리다
- バックの中身　　　　　가방 속
  中身の薄い話　　　　　내용이 빈약한 이야기

☐ 鐘の響き	종의 **울림**
☐ 胸に響く言葉	가슴을 **울리는** 말
☐ 会議を閉会する	회의를 **폐회**하다
☐ エネルギーを放出する	에너지를 **방출**하다
☐ 部員を集める	**부원**을 모으다
☐ 開催日程	**개최** 일정
☐ 有利に展開する	유리하게 **전개**되다
☐ 人前で緊張する	사람들 앞에서 **긴장**하다
☐ 誰でも得手不得手がある	누구든 **잘하는** 것과 못하는 것이 있다
☐ 意見を交換する	의견을 **교환**하다

연습문제

1 알맞은 어휘에 체크하세요.

① 安全確保のため、空港ではかばんの (ⓐ 中身
ⓑ 内容) が調べられます。

② 卒業式の日、先生が胸に (ⓐ 輝く ⓑ 響く) 言葉
をくれて、みんな涙した。

③ どんなに立派でも、人は誰にでも (ⓐ 短点
ⓑ 短所) があるよ。

④ 自分の考えにこだわっていないで、ちょっと
(ⓐ 客観的 ⓑ 主観的) に考えてみたらいいのに。

⑤ 吉田君が韓国に留学するので、来週 (ⓐ 送別会
ⓑ 歓迎会) を開きます。

2 괄호 안에 들어갈 어휘를 a·b·c·d·e 중에서 선택하세요.

1

① 彼が声優になれたのは、ちょっと違った (　　　)
のある声をしているからです。

② 原子力発電所の建設について、市民が (　　　)
に熱を上げている。

③ 雨天の時は、(　　　) が難しいかもしれないので注意してください。
④ 週末は人が多いので、駅前での (　　　) が許可されません。

- ⓐ 開催　ⓑ 議論　ⓒ 集会　ⓓ 利害　ⓔ 特徴

2

① 経営不振で、このままいったら会社が (　　　) かもしれない。
② みんなの考えが違っていて、今日中に意見が (　　　) のは難しいだろう。
③ 午前中の会議が (　　　) かもしれないので、午後の予定はキャンセルしてください。
④ 今日の試合は雨でも (　　　) 予定です。

- ⓐ つぶれる　ⓑ のびる　ⓒ まとまる
- ⓓ 展開する　ⓔ 決行する

정답

1 ①a ②b ③b ④a ⑤a
2 **1** ①e ②b ③a ④c **2** ①a ②c ③b ④e

Day 38 여행, 계획, 소망, 추억

팟캐스트에서 저자의 강의를 들으며 책을 보세요.

□ 休息をとる	**휴식**을 취하다
□ 結婚式を挙げる	**결혼식**을 올리다
□ めちゃくちゃな計画	**형편없는** 계획
□ 貴重な経験	**귀중**한 경험
□ 観光名所	관광 **명소**
□ 地域の名物	지역의 **명물**
□ 別荘で過ごす	**별장**에서 시간을 보내다
□ 客間にとおす	**응접실**에 안내하다
□ 贈り物を包装する	선물을 **포장**하다
□ 生活必需品	생활 **필수품**
□ 計画をひっくり返す	계획을 **뒤엎다**
□ 予定がずれる	예정이 **어긋나다**
□ 記憶が蘇る	기억이 **되살아나다**
□ 望みが叶う	소망이 **이루어지다**

□ 幸福を望む	행복을 바라다(소망하다)
□ 先生になったきっかけ	선생님이 된 계기
□ たまたま通りかかる	우연히 지나가다
□ 海に飛び込む	바다에 뛰어들다
□ 部屋に引っ込む	방에 틀어박히다
□ 海に潜る	바다에 잠수하다
□ 物事に気を付ける	매사에 조심하다
□ 見慣れた景色	눈에 익숙한 경치
□ 円高警戒	엔고(엔화 강세) 경계
□ 円安が続く	엔저(엔화 약세)가 계속되다
□ 往復チケットを買う	왕복 티켓을 사다
□ 片道で予約する	편도로 예약하다
□ 中国に滞在する	중국에 체류하다
□ 海外に留まる	해외에 머무르다
□ 宿を予約する	숙소를 예약하다
□ 来日の目的	일본에 온 목적
□ 空港の出迎えサービス	공항 마중 서비스

☐	遊園地（ゆうえんち）に遊（あそ）びに行（い）く	유원지에 놀러 가다
☐	夜行（やこう）バス	야간(야행) 버스
☐	明（あ）け方（がた）まで眠（ねむ）れない	새벽녘까지 잠들지 못하다
☐	長期（ちょうき）計画（けいかく）	장기 계획
☐	当日（とうじつ）予約（よやく）	당일 예약
☐	日日（ひにち）を決（き）める	날짜를 정하다
☐	底（そこ）まで透（す）き通（とお）る	바닥까지 **비쳐 보이다**
☐	進学（しんがく）を思（おも）い切（き）る 思（おも）い切（き）って実行（じっこう）する	진학을 **단념하다** **결심하고** 실행하다
☐	一睡（いっすい）もしない	한잠도 자지 않다
☐	雨（あめ）のために延期（えんき）する	비 때문에 **연기**하다

연습문제

1 알맞은 어휘에 체크하세요.

① 心配事があって (ⓐ 夜更け ⓑ 明け方) まで眠れなかった。

② 「大切なお客さんへの贈り物ですから、きれいに (ⓐ 包装 ⓑ 包容) してください。」

③ いつ帰るかまだはっきりしないので、(ⓐ 片便 ⓑ 片道) で予約することにした。

④ 日本からのお客さんを空港に (ⓐ 出迎え ⓑ 出送り) に行ってきます。

⑤ 海外ボランティア、私にとって (ⓐ 貴重な ⓑ 危険な) 経験になりました。

2 괄호 안에 들어갈 어휘를 a·b·c·d·e 중에서 선택하세요.

1

① 出張に行く (　　　　) がまだはっきり決まっていません。

② 日本語の勉強を始めた (　　　　) は日本のアニメです。

③ 一週間ずっと働いたので、今日は(　　　)をとることにしました。

④ 「お客様がいらっしゃったら、一人ずつ(　　　)にとおしてください。」

> ⓐ休息　ⓑ日日　ⓒ当日　ⓓ客間　ⓔきっかけ

2

① 一か月、中国に(　　　)、市場調査をしてきました。

② 人は誰でも幸福を(　　　)います。

③ 子供が部屋に(　　　)、なかなか外へ出てきません。

④ やっと教師になる夢が(　　　)、本当にうれしいです。

> ⓐ望んで　ⓑ叶って　ⓒ滞在して
> ⓓ引っ込んで　ⓔ飛び込んで

정답

1 ①b ②a ③b ④a ⑤a
2 ❶ ①b ②e ③a ④d　❷ ①c ②a ③d ④b

Day 39 동물, 식물, 종류, 기타

📱 팟캐스트에서 저자의 강의를 들으며 책을 보세요.

☐ 淡水で生きる	민물에서 살다
☐ 鉢に植える	화분에 심다
☐ 病気の一種	병의 일종
☐ 食物アレルギー	음식물 알레르기
☐ 植木を植える	정원수를 심다
☐ 魚が跳ねる	물고기가 뛰다
☐ 貝を拾う	조개를 줍다
☐ 毛皮のコート	모피 코트
☐ 犬が尻尾を振る	개가 꼬리를 흔들다
☐ 犬が吠える	개가 짖다
☐ 犬がうなる	개가 으르렁 거리다
☐ 絶滅の危機	멸종의 위기
☐ 象は鼻が長い	코끼리는 코가 길다
☐ 翼を広げる	날개를 펼치다

広い**牧場**(ひろい ぼくじょう)	넓은 **목장**
稲が**実る**(いねが みのる)	벼가 **여물다**
羊毛を**刈る**(ようもうを かる)	**양털**을 깎다
渡り鳥が**帰る**(わたりどりが かえる)	**철새**가 돌아가다
花が**しぼむ**(はなが しぼむ)	꽃이 **시들다**
杉を**切る**(すぎを きる)	**삼나무**를 자르다
森の**大木**を**切る**(もりの たいぼくを きる)	숲 속의 **큰 나무(거목)**을 자르다
羽根のない**扇風機**(はねのない せんぷうき) **羽根**がついた**帽子**(はねがついた ぼうし)	**날개**가 없는 **선풍기** **깃털**이 달린 모자
牧畜業(ぼくちくぎょう)	**목축**업
農作物(のうさくもつ)	**농작물**
稲が**生長**する(いねが せいちょうする)	**벼**가 **생장**하다
蚊に**刺**される(かに さされる)	**모기**에 물리다
かびが**生**える(かびが はえる)	**곰팡이**가 피다
錆がつく(さびがつく)	**녹**이 슬다
紙屑・**人間**の**屑**(かみくず・にんげんの くず)	휴지 **조각**/인간 **쓰레기**
大きな**物音**(おおきな ものおと)	큰 **(어떤) 소리**

- ☐ **足跡を残す** 　　　　　　　　　**발자국**을 남기다
- ☐ **影を落とす** 　　　　　　　　　**그림자**를 드리우다
- ☐ **車が通った跡** 　　　　　　　자동차가 지나간 **자국**

연습문제

1 알맞은 어휘에 체크하세요.

① キャンプに行って、たくさん (ⓐ 蚊　ⓑ 蝉) に刺されてしまった。

② 恋人にミンクの (ⓐ 毛糸　ⓑ 毛皮) のコートを買ってもらった。

③ 買ってきたゴムの木を (ⓐ 花瓶　ⓑ 鉢) に植えた。

④ 家に帰ったらペットの子犬が (ⓐ 頭　ⓑ 尻尾) を振って迎えてくれた。

⑤ 犯人の残した (ⓐ 手形　ⓑ 足跡) から身元を確認した。

2 괄호 안에 들어갈 어휘를 a·b·c·d·e 중에서 선택하세요.

1

① 台所で(　　　)がしたので行ってみたら、泥棒がいて驚いた。
② 風通しが悪くて部屋に(　　　)が生えてしまった。
③ 長い間、使っていなかった鍋に(　　　)がついていた。
④ (　　　)を広げて飛んでいく渡り鳥の姿はほんとうに美しい。

> ⓐかび　ⓑごみ　ⓒ錆　ⓓ物音　ⓔ翼

2

① 恋人にもらったバラの花が、時間がたって(　　　)しまった。
② 隣の家の犬が、毎晩(　　　)うるさい。
③ 9月になり、やっと稲が(　　　)きました。
④ 静かな海に魚が(　　　)いるのが見えます。

> ⓐ吠えて　ⓑ踊って　ⓒ実って　ⓓしぼんで　ⓔ跳ねて

정답

1 ①a ②b ③b ④b ⑤b
2 **1**①d ②a ③c ④e　**2**①d ②a ③c ④e

Day 40　가타카나어 2

팟캐스트에서 저자의 강의를 들으며 책을 보세요.

- □ **プラットホーム**で待つ　　　**플랫폼**에서 기다리다

- □ **スライド**ショー　　　**슬라이드** 쇼

- □ **モノレール**に乗る　　　**모노레일**을 타다

- □ **フリー**な立場　　　**자유로운** 입장
  フリーサイズ　　　**프리** 사이즈

- □ **オイル**をさす　　　**오일**을 치다

- □ **コンクール**が開かれる　　　**경연대회**가 열리다

- □ **オルガン**を演奏する　　　**오르간**을 연주하다

- □ **ヘリコプター**で移動する　　　**헬리콥터**로 이동하다

- □ **ストッキング**をはく　　　**스타킹**을 신다

- □ **エチケット**に反する　　　**에티켓**에 어긋나다

- □ **コーラス**で歌う　　　**합창**으로 부르다

- □ ホテルの**ボーイ**　　　호텔 **보이**

- □ **ベテラン**の選手　　　**베테랑** 선수

☐	**スマート**な服装 ^{ふくそう}	**말쑥한** 복장
☐	**ビニール**袋 ^{ふくろ}	**비닐** 봉투
☐	**コンセント**を差し込む ^さ ^こ	**콘센트**를 꽂다
☐	強力な**モーター** ^{きょうりょく}	강력한 **모터**
☐	名作**シリーズ** ^{めいさく}	명작 **시리즈**
☐	コイン**ロッカー**	코인 **로커**
☐	**アイデア**が浮かぶ	**아이디어**가 떠오르다
☐	**ミシン**をかける	**재봉질**을 하다
☐	**ラケット**を振る	**라켓**을 휘두르다
☐	**シャッター**を押す	**셔터**를 누르다
☐	ガソリン**スタンド**	가솔린 **스탠드(주유소)**
☐	**オーケストラ**を振る	**오케스트라**를 지휘하다
☐	**テーマ**を決める	**테마**를 정하다
☐	**ヨット**競技 ^{きょうぎ}	**요트** 경기
☐	**フライパン**を熱する	**프라이팬**을 가열하다
☐	**ハンドル**を切る	**핸들**을 꺾다
☐	**バンド**を締める	**밴드**를 매다

☐ テンポが速い	템포가 빠르다
☐ ブームが起こる	붐이 일어나다
☐ ブローチをつける	브로치를 달다
☐ 日本語をマスターする	일본어를 마스터하다
☐ リズムに乗る	리듬을 타다
☐ アクセントをつける	악센트를 넣다
☐ コンクリートを打つ	콘크리트를 치다
☐ バランスを取る	밸런스(균형)를 잡다
☐ キャリアウーマン	캐리어 우먼
☐ ウールのコート	울 코트
☐ レクリエーションを行う	레크리에이션을 실시하다
☐ モダンな建物	현대적인 건물
☐ ギャング映画	갱 영화
☐ 輪ゴム	고무줄
☐ ナイロンの生地	나일론 옷감
☐ セメントが固まる	시멘트가 굳다
☐ 生クリーム	생크림

☐ オーバーコートを着る	オ버코트를 입다
☐ きれいなスチュワーデス	예쁜 스튜어디스
☐ プログラムを組む	프로그램을 짜다
☐ シーツを敷く	시트를 깔다
☐ ラッシュアワーを避ける	러시아워를 피하다
☐ プロ野球	프로 야구
☐ 予算をオーバーする オーバーに話す	예산에 오버되다 과장되게 말하다
☐ ハンサムな青年	잘생긴 청년

연습문제

1 알맞은 어휘에 체크하세요.

① 今日は寒いので(ⓐ オーバーコート ⓑ オーバーコート)を着て行きなさい。

② 荷物を(ⓐ コインラッカー ⓑ コインロッカー)に入れておいた。

③ 救助隊が災害地に(ⓐ ヘリゴブター ⓑ ヘリコプター)で向かった。

④ 羽田空港から新宿まで(ⓐ モノレール ⓑ モノレルー)で行った。

⑤ 最近は、コンビニで買い物するとき、(ⓐ ビニール ⓑ ビニル)袋が有料です。

2 괄호 안에 들어갈 어휘를 a・b・c・d・e 중에서 선택하세요.

1

① 子供が飛び出してきたので慌てて(　　　)を切った。

② 食べるとき音を出すのは(　　　)に反します。

③ 最初に自転車に乗るときは、(　　　)を取るのが難しい。

④ 私は地下鉄が込むのが嫌いなので（　　　　）は避けるようにしている。

- ⓐ エチケット
- ⓑ ハンドル
- ⓒ ラッシュアワー
- ⓓ ナイロン
- ⓔ バランス

2

① たくさん買いすぎて予算を（　　　　）してしまいました。
② 今日中に研究（　　　　）を決めて、連絡してください。
③ 道を歩いているとき、新しい製品の（　　　　）が浮かびました。
④ 玉子焼きを作るときは、まず（　　　　）を熱してから油を敷いてください。

- ⓐ アイデア
- ⓑ プログラム
- ⓒ オーバー
- ⓓ フライパン
- ⓔ テーマ

정답

1 ①a ②b ③b ④a ⑤a
2 **1**①b ②a ③e ④c **2**①c ②e ③a ④d

1 ( ) に入れるのに最もよいものを、a・b・c・d から一つえらびなさい。

① 長い討論の末に、やっとみんなの意見が (　　　) ました。

　ⓐ まとめ　ⓑ まどり　ⓒ まとまり　ⓓ とまり

② 幼いころの写真を見ていたら、昔の記憶が (　　　) きました。

　ⓐ 望んで　ⓑ 気が付いて　ⓒ 蘇って　ⓓ 回復して

③ 週末は、家族全員で海岸で (　　　) を拾いました。

　ⓐ 貝　ⓑ 魚　ⓒ かに　ⓓ いか

④ 警察官が犯人に向かって銃を (　　　)。

　ⓐ 討った　ⓑ 打った　ⓒ 撃った　ⓓ 決めた

⑤ 犯人が部屋に (　　　) を残して行った。

　ⓐ 物音　ⓑ 手跡　ⓒ 影　ⓓ 足跡

⑥ 少ないチャンスをものにして、勝利を (　　　)。

　ⓐ 脅かした　ⓑ 取った　ⓒ 収めた　ⓓ 逃した

⑦ この契約書は満期が1年過ぎているので、(　　　)を失っていますよ。

ⓐ 効力　ⓑ 期間　ⓒ 効果　ⓓ 信用

⑧ 先生になった (　　　) は、5年生の担任の先生の一言でした。

ⓐ 意味　ⓑ わけ　ⓒ きっかけ　ⓓ 考え

2 説明に最も合う言葉を、a・b・c・d から一つえらびなさい。

① 夜が過ぎて、朝になろうとするころ。

ⓐ 朝日　ⓑ 夜中　ⓒ 明け方　ⓓ 日の出

② 不正な方法によって学校への入学すること。

ⓐ 工作入学　ⓑ 裏口入学　ⓒ 早口入学　ⓓ 裏門入学

③ 上手くできる自信のあるものとそうでないもの。

ⓐ 好き嫌い　ⓑ 美人だ　ⓒ 得手不得手　ⓓ めちゃくちゃ

④ 会議をするときなど、あらかじめ相談しておくこと。下相談。

ⓐ 下調べ ⓑ 協議 ⓒ 打ち合わせ ⓓ 予備選

3 _____ に最も意味が近いものを、a・b・c・d から一つえらびなさい。

① 子どもの命が<u>危うい</u>。

ⓐ 大切だ ⓑ 危険だ ⓒ 珍しい ⓓ 厳粛だ

② 会社の経営が<u>めちゃくちゃ</u>だ。

ⓐ ひどい ⓑ 正しい ⓒ 上手だ ⓓ 順調だ

③ 予定が<u>ずれて</u>、時間がオーバーしてしまいました。

ⓐ くるって ⓑ 立って ⓒ 出来て ⓓ すれ違って

④ 私は3年で日本語を<u>マスター</u>しました。

ⓐ 勉強 ⓑ 工夫 ⓒ 習得 ⓓ 上達

4 つぎのことばの使い方として最もよいものを、a・b・c・dから一つえらびなさい。

① 思い切って
   a お金がないので留学は思い切ってしまった。
   b 今日は思い切って彼女に自分の気持ちを伝えよう。
   c 過ぎてしまったことは思い切って、明日からまた頑張ります。
   d 私のことはもう思い切ってください。

② 目指す
   a 授業中はいつも黒板を目指しています。
   b 目が疲れたので薬を目指しました。
   c 優勝を目指して練習しています。
   d 駅の帰りに、スーパーに目指しましょう。

③ 油断する
   a 今、ダイエット中なので油断しています。
   b 先生にしかられて、油断してしまいました。
   c 父はいつも娘を油断していません。
   d どんなに自信があっても油断してはいけないよ。

④ ひっくり返す
   a あやまって、バケツをひっくり返してしまった。
   b 友達との約束をひっくり返した。
   c 階段で転んでひっくり返してしまった。
   d 疲れて、ベットにひっくり返して寝た。

Day 41 **얼굴, 신체**
Day 42 **기타 행동, 생활**
Day 43 **기타 상황, 상태**
Day 44 **평가, 연구, 결과**
Day 45 **사건, 책임, 존경어, 접두(접미)어**

Day 41 얼굴, 신체

팟캐스트에서 저자의 강의를 들으며 책을 보세요.

□ 人種差別 (じんしゅさべつ)	인종 **차별**
□ 意識(いしき)がない	**의식**이 없다
□ 親指(おやゆび)を立(た)てる	**엄지손가락**을 세우다
□ 人指(ひとさ)し指(ゆび)で指(さ)す	**검지**로 가리키다
□ 中指(なかゆび)が一番長(いちばんなが)い	**중지**가 가장 길다
□ 薬指(くすりゆび)に指輪(ゆびわ)をはめる	**약지**에 반지를 끼우다
□ 白髪(しらが)の老人(ろうじん)	**백발**의 노인
□ 身体検査(しんたいけんさ)	**신체**검사
□ 膝(ひざ)を組(く)む	**책상다리로** 앉다
□ 黒(くろ)い瞳(ひとみ)	까만 **눈동자**
□ お先(さき)真(ま)っ暗(くら)だ	앞날이 **캄캄하다**
□ 醜(みにく)い顔(かお)	**못생긴** 얼굴
□ 九州(きゅうしゅう)のへそ	규슈의 **중심지(배꼽)**
□ 鼻(はな)の脂(あぶら)	**콧기름**

☐ 顔(かお)つきで分(わ)かる	**얼굴 생김새(표정)**로 알다
☐ 皺(しわ)が寄(よ)る	**주름**이 지다
☐ 唾(つば)を吐(は)く	**침**을 뱉다
☐ 裸(はだか)の子供(こども)	**발가벗은** 아이
☐ 真(ま)っ黒(くろ)な髪(かみ)	**새까만** 머리
☐ 顔色(かおいろ)が真(ま)っ青(さお)になる	얼굴이 **새파랗**게 되다
☐ 頭(あたま)が真(ま)っ白(しろ)になる	머리가 **새하얗**게 되다
☐ 竹(たけ)の節(ふし)・指(ゆび)の節(ふし)	대나무의 **마디**/손가락 **마디**

연습문제

1 알맞은 어휘에 체크하세요.

① 目撃者は犯人の(ⓐ 顔つき ⓑ 手つき)をはっきり覚えていた。
② 道に(ⓐ タバコ ⓑ 唾)を吐くのはエチケット違反だ。
③ どんな理由があっても人種(ⓐ 区別 ⓑ 差別)は許されない。
④ 娘が交通事故にあって(ⓐ 意識 ⓑ 見識)がない状態だ。
⑤ 幼い頃、皆に(ⓐ 醜い ⓑ 見にくい)顔だとからかわれ、本当に悲しかった。

2 괄호 안에 들어갈 어휘를 a·b·c·d·e 중에서 선택하세요.

1

① 緊張のあまり頭の中が(　　　　)になってしまった。
② 体の具合でも悪いのか、彼は(　　　　)な顔をしている。
③ 東洋の女性は(　　　　)な髪が魅力的です。

④ 会社を首になってお先（　　　　）だ。

> ⓐ真っ黒　ⓑ真っ白　ⓒ真っ青　ⓓ真っ赤　ⓔ真っ暗

2

① 結婚指輪は普通（　　　　　）にはめます。
② （　　　　　）を立てるのは、うまくいったことのサインです。
③ 指の中で一番長いのは（　　　　）です。
④ 方向などを示すときには（　　　　）を使います。

> ⓐ親指　ⓑ人差し指　ⓒ中指　ⓓ薬指　ⓔ小指

정답

1 ①a ②b ③b ④a ⑤a
2 **1** ①b ②c ③a ④e　**2** ①d ②a ③c ④b

Day 42 기타 행동, 생활

📱 팟캐스트에서 저자의 강의를 들으며 책을 보세요.

□ 石炭を焚く	석탄을 때다
□ 規則正しい生活	규칙적인 생활
□ 食料を貯蔵する	식료품을 저장하다
□ ラップでくるむ	랩으로 감싸다
□ 暇をつぶす	시간을 때우다
□ くじをひく	제비를 뽑다
□ 起床時間	기상시간
□ ドアに手が挟まる	문에 손이 끼이다
□ 焦点を当てる	초점을 맞추다
□ 土に埋める	땅에 묻다
□ カバーを裏返す	커버를 뒤집다
□ 部屋の中へ押し込む	방 안으로 밀어 넣다
□ 坂道を下る	비탈길을 내려가다
□ 通行を妨げる	통행을 방해하다

□ 天井に吊るす	천장에 **매달다**
□ 川を上る	강을 **거슬러 오르다**
□ シールを剥がす	스티커를 **떼다**
□ 足を引っ張る	발목을 **잡아당기다**
□ 風船を膨らます	**풍선을 부풀리다**
□ じっと見つめる	가만히 **바라보다**
□ しおりを挟む	책갈피를 **끼우다**
□ 壁にもたれる	벽에 **기대다**
□ 紙を破く	종이를 **찢다**
□ 運命を占う	운명을 **점치다**
□ 足りない分を補う	부족한 부분을 **보충하다**
□ 博物館を開放する	박물관을 **개방**하다
□ 水を汲む	물을 **푸다**
□ ボートを漕ぐ	보트를 **젓다**
ペダルを漕ぐ	페달을 **밟다**
□ ポケットを探る	주머니를 **더듬어 찾다**
□ いすを退ける	의자를 **치우다**

知識を身に着ける	지식을 몸에 익히다
パンを千切る	빵을 잘게 뜯다
岩を砕く	바위를 깨뜨리다
うちわで扇ぐ	부채로 부채질을 하다
旗を揚げる	깃발을 올리다
天ぷらを揚げる	튀김을 튀기다
水で薄める	물을 타서 엷게 하다
不安を打ち消す	불안을 없애다
噂を打ち消す	소문을 부정하다
鏡に顔を映す	거울에 얼굴을 비추다
冷たい水で涼む	찬 물로 더위를 식히다
両手で持ち上げる	양손으로 들어 올리다
本を貸し出す	책을 빌리다
恥ずかしげにうつむく	수줍은 듯 고개를 숙이다
締め切りが迫る	마감이 다가오다
返事を迫る	답장을 재촉하다

연습문제

1 알맞은 어휘에 체크하세요.

① 彼に結婚の返事を (ⓐ 迫って ⓑ 迫られて) 困っています。

② 何もやることがなく、ゲームをしながら暇を (ⓐ つぶして ⓑ つぶって) います。

③ 一日中立っていて疲れたので、壁に (ⓐ ついて ⓑ もたれて) 休んでいます。

④ 寮では朝7時に起きて12時に寝るという (ⓐ 規則正しい ⓑ 規律的な) 生活をしています。

⑤ 飼っていた小鳥が死んでしまったので、土に (ⓐ 埋めた ⓑ 掘った)。

2 괄호 안에 들어갈 어휘를 a・b・c・d・e 중에서 선택하세요.

<u>1</u>

① 提出するときは、ノートに貼ってあるシールを (　　　　) ください。

② この辺りでは、干し柿を軒に (　　　　) いる家がたくさんあります。

③ 足りない部分は、夏休みの間に自分で（　　　）ください。

④ 子供がまだ小さいので、パンを（　　　）食べさせています。

ⓐ 吊るして　　ⓑ 剥がして　　ⓒ 扇いで
ⓓ 千切って　　ⓔ 補って

2

① 料理で残った材料は、ラップで（　　　）保存しておきましょう。

② 急いでドアを閉めたら、指がドアに（　　　）しまいました。

③ 若者の中で、未来のことを（　　　）ほしい人がたくさんいます。

④ 今日は恋人と川でボートを（　　　）遊んだ。

ⓐ くるんで　　ⓑ こいで　　ⓒ 調べて
ⓓ 占って　　　ⓔ 挟まって

정답

1 ①b ②a ③b ④a ⑤a
2 **1** ①b ②a ③e ④d　**2** ①a ②e ③d ④b

Day 43 기타 상황, 상태

📱 팟캐스트에서 저자의 강의를 들으며 책을 보세요.

☐ 水に塩が溶け込む	물에 소금이 **녹아 들다**
☐ ばつをつける	**가위표**를 치다
☐ 考え方が異なる	사고방식이 **다르다**
☐ 波が荒い	파도가 **거칠다**
☐ 乾燥した空気	**건조한** 공기
☐ 下水道が詰まる	하수도가 **막히다**
☐ 騒々しい世の中	**시끄러운** 세상
☐ 素朴な暮らし	**소박한** 삶
☐ 地震のため断水となる	지진 때문에 **단수**가 되다
☐ 釘で留める	못으로 **고정시키다**
☐ 穴を掘る	구멍을 **파다**
☐ 手続きがやかましい	절차가 **까다롭다**
☐ 表面が粗い	표면이 **거칠다**
☐ 慌ただしい年末年始	**어수선한** 연말연시

粗末(そまつ)な食事(しょくじ)	변변치 않은 식사
紙(かみ)が縮(ちぢ)れる	종이가 꾸깃꾸깃해 지다(주름지다)
騒(さわ)がしい教室(きょうしつ)	소란스런 교실
厄介(やっかい)な問題(もんだい)	골치 아픈 문제
長(なが)さが等(ひと)しい	길이가 같다
空(から)っぽの箱(はこ)	텅 빈 상자
雨(あめ)降(ふ)って地(ち)固(かた)まる	비 온 뒤에 땅이 굳는다
状態(じょうたい)を確認(かくにん)する	상태를 확인하다
セーターが縮(ちぢ)む	스웨터가 줄어들다
サービス料(りょう)を含(ふく)める	서비스 요금을 포함시키다
勘違(かんちが)いをする	착각을 하다
奇妙(きみょう)な話(はなし)	기묘한 이야기
用途(ようと)が広(ひろ)い	용도가 넓다
季節(きせつ)が巡(めぐ)る	계절이 돌고 돈다
年(とし)をまたぐ	해를 넘기다
関心(かんしん)を寄(よ)せる	관심을 두다
とげが刺(さ)さる	가시가 박히다

☐ 電灯（でんとう）が点（つ）く	전등이 **켜지다**
☐ 酒（さけ）に水（みず）が混（ま）じる	술에 물이 **섞이다**
☐ 白髪（しらが）が交（ま）じる	**흰머리가 섞이다**
☐ 明（あ）かりが消（き）える	**불빛**이 꺼지다
☐ 空（そら）に雲（くも）が浮（う）く	하늘에 구름이 **뜨다**
☐ 薄暗（うすぐら）い廊下（ろうか）	**어둑한 복도**
☐ ボートが反（かえ）る	보트가 **뒤집히다**
☐ 波（なみ）が静（しず）まる	파도가 **잔잔해지다**
☐ 水（みず）が溜（た）まる	물이 **고이다**
☐ 気（き）を散（ち）らす	정신(마음)을 **산만하게(어수선하게) 하다**
☐ 透明（とうめい）な氷（こおり）	**투명**한 얼음
☐ コップが砕（くだ）ける	컵이 **깨지다** ※**砕（くだ）けた話（はなし）**: **스스럼 없는** 이야기
☐ ボールが顔（かお）に当（あ）たる	공이 얼굴에 **부딪히다**
予想（よそう）が当（あ）たる	예상이 **적중하다**
☐ 常識（じょうしき）に欠（か）ける	상식이 **부족하다**
☐ 家（いえ）が傾（かたむ）く	집이 **기울어지다**
☐ 字（じ）がダブる	글자가 **겹치다**

연습문제

1 알맞은 어휘에 체크하세요.

① 男性と女性とでは考え方が (ⓐ 間違う ⓑ 異なる) ようだ。

② このお酒は水が (ⓐ 混じって ⓑ 混ぜて) いるのでアルコール度が低い。

③ 今回の地震で、家が (ⓐ 砕けて ⓑ 傾いて) しまった。

④ 波が (ⓐ 静まったら ⓑ 静かから) 出航しましょう。

⑤ セーターを洗濯機で洗ったら、(ⓐ 縮んで ⓑ 歪んで) しまいました。

2 괄호 안에 들어갈 어휘를 a·b·c·d·e 중에서 선택하세요.

1

① 最近、青少年の非行は (　　　　　) 問題である。
② 年末年始はいつも (　　　　　)。
③ 会社を退職したら、田舎で (　　　　　) 生活をするつもりです。

④ 最近はビザの手続きが（　　　）ので、十分準備してください。

- ⓐ 慌ただしい
- ⓑ やかましい
- ⓒ 厄介な
- ⓓ 騒々しい
- ⓔ 質素な

2

① 日本では商品は全て消費税が（　　　）います。
② サッカーボールが顔に（　　　）、とてもびっくりした。
③ どんな教育を受けてきたのか、彼女は本当に常識に（　　　）います。
④ 朝から雨が降って、グラウンドに水が（　　　）いる。

- ⓐ 当たって
- ⓑ 欠けて
- ⓒ 削って
- ⓓ 含まれて
- ⓔ 溜まって

정답

1 ①b ②a ③b ④a ⑤a
2 1 ①c ②a ③e ④b　2 ①d ②a ③b ④e

Day 44 평가, 연구, 결과

📱 팟캐스트에서 저자의 강의를 들으며 책을 보세요.

☐ 最新のデータ	**최신** 데이터
☐ 対照的な性格	**대조**적인 성격
☐ ニュースを解説する	뉴스를 **해설**하다
☐ 確実な方法	**확실**한 방법
☐ 見当がつかない	**짐작**이 가지 않는다
☐ 一般に公開する	**일반**에 **공개**하다
☐ 人気が上昇する	인기가 **상승**하다
☐ 正常に戻る	**정상**으로 돌아오다
☐ 全力を注ぐ	**전력**을 다하다
☐ 他人の意見を尊重する	타인의 의견을 **존중**하다
☐ これで出来上がり!	이것으로 **완성**!
☐ 的確な判断	**꼭 들어맞는** 판단
☐ 微妙な違い	**미묘**한 차이
☐ 映画評論家	영화 **평론가**

妙(みょう)に違(ちが)う	묘하게 다르다
優秀(ゆうしゅう)なパイロット	우수한 조종사
有能(ゆうのう)なコック	유능한 요리사
もっともな意見(いけん)	지당한 의견
しょうがない、もうやめよう	어쩔 수 없지, 이제 그만하자
下降(かこう)した要因(よういん)	하강한 요인
過失(かしつ)を犯(おか)す	과실을 범하다
一方(いっぽう)に偏(かたよ)る	한 쪽으로 치우치다
実例(じつれい)を挙(あ)げる	실질적인 예를 들다
世界中(せかいじゅう)で通用(つうよう)する	전 세계에서 통용되다
同一(どういつ)に扱(あつか)う	동일하게 취급하다
馬鹿(ばか)らしい発言(はつげん)	바보 같은 발언
批判(ひはん)的な態度(たいど)	비판적인 태도
鋭(するど)い批評(ひひょう)	날카로운 비평
要因(よういん)を分析(ぶんせき)する	요인을 분석하다
人(ひと)の言葉(ことば)を引用(いんよう)する	다른 사람의 말을 인용하다
評判(ひょうばん)がいい	평판이 좋다

□ 過大評価（かだいひょうか）	과대**평가**
□ 有効な制度（ゆうこうなせいど）	**효과적인** 제도
□ 不利な立場（ふりなたちば）	**불리한** 입장
□ 見事な腕前（みごとなうでまえ）	**훌륭한** 기술
□ 質が高い（しつがたかい）	질이 높다
□ 参考資料（さんこうしりょう）	**참고** 자료
□ 実力不足（じつりょくぶそく）	**실력** 부족
□ 研究の対象（けんきゅうのたいしょう）	연구 **대상**
□ 限界を超える（げんかいをこえる）	한계를 **넘다**
□ ピークに達する（たっする）	최고조에 **달하다**
□ 3割を占める（わりをしめる）	3할을 **차지하다**
□ 女性の割合が低い（じょせいのわりあいがひくい）	여성의 **비율**이 낮다
□ 10年前と比較する（ねんまえとひかくする）	10년 전과 **비교**하다
□ 技術の低下（ぎじゅつのていか）	기술의 **저하**
□ 社会全般の問題（しゃかいぜんぱんのもんだい）	사회 **전반**의 문제
□ 研究に努める（けんきゅうにつとめる）	연구에 **힘쓰다**
□ 影響を及ぼす（えいきょうをおよぼす）	영향을 **미치다**

- 上等の品 　　　　　　　　　　**상등품(고급 품질)**
- 一時的な現象 　　　　　　　　일시적인 **현상**
- 化学の実験 　　　　　　　　　화학 **실험**

연습문제

1 알맞은 어휘에 체크하세요.

① (ⓐ 馬鹿らしい ⓑ 馬鹿ような) 発言には対応する必要はない。

② 今回の試験は難しかったので、できなくても (ⓐ どうもない ⓑ しょうがない)。

③ 日本の醤油と韓国の醤油とでは (ⓐ 微小な ⓑ 微妙な) 違いがある。

④ 外国の文化が日本に影響を (ⓐ 及んだ ⓑ 及ぼした) のは間違いない。

⑤ 「医療費を無料にして庶民の負担を減らすというのは (ⓐ もっともな ⓑ 残念な) 意見ですが、財政はどうするんですか。」

2 괄호 안에 들어갈 어휘를 a・b・c・d・e 중에서 선택하세요.

1

① 先月発売されたスマートフォンの (　　　　) がいいので、私も買おうかと思う。

② アパートの価値が下がるのは、一時的な (　　　　) に過ぎません。

③ 血圧が高かったんですが、薬を飲んだら(　　　)
に戻りました。
④ お金を貯めるには、銀行に貯金するのが(　　　)
な方法です。

> ⓐ現象　ⓑ評判　ⓒ正常　ⓓ現実　ⓔ確実

2

① 10年前と(　　　)と、社会は本当に変わってしまいました。
② オリンピックで金メダルを取るには、限界を(　　　)努力が必要です。
③ 同じ失敗を繰り返さないためには、失敗の原因を(　　　)必要がある。
④ 英語は世界中どこでも(　　　)言語です。

> ⓐ分析する　ⓑ通用する　ⓒ評価する
> ⓓ超える　ⓔ比較する

정답

1 ①a ②b ③b ④b ⑤a
2 ❶①b ②a ③c ④e　❷①e ②d ③a ④b

Day 45 사건, 책임, 존경어, 접두(접미)어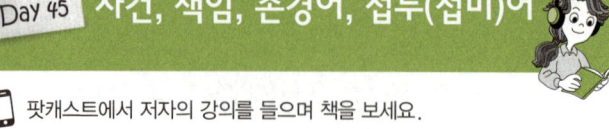

📱 팟캐스트에서 저자의 강의를 들으며 책을 보세요.

□ 付属学校 (ふぞくがっこう)	**부속** 학교
□ 無責任な話 (むせきにんなはなし)	**무책임**한 이야기
□ 重大な役目 (じゅうだいなやくめ)	중대한 **역할(임무)**
□ 荷物を背負う (にもつをせおう)	짐을 **짊어지다**
□ 主役を務める (しゅやくをつとめる)	주역을 **맡다**
□ 品質を保証する (ひんしつをほしょうする)	품질을 **보증**하다
□ 本人に相違ない (ほんにんにそうい ない)	본인임이 **틀림없다**
□ 彼に違いない (かれにちがいない)	그 임이 **틀림없다**
□ 犯人を特定する (はんにんをとくていする)	범인을 **특정**하다
□ 明白な事実 (めいはくなじじつ)	**명백**한 사실
□ 災難に遭う (さいなんにあう)	재난을 **당하다**
□ まれな出来事 (まれなできごと)	**보기 드문** 사건
□ 手を放す (てをはなす)	손을 **놓다**
□ 海で溺れる (うみでおぼれる)	바다에 **빠지다**

狙いは別にある	노리는 바는 따로 있다
命を狙う	목숨을 노리다
事故が相次ぐ	사고가 잇따르다
信頼を失う	신뢰를 잃다
泥棒を追いかける	도둑을 뒤쫓다
○○会社御中	○○회사 귀중(편지에서 회사명, 이름 뒤에 쓰는 말)
敬語で話す	경어로 말하다
ご無沙汰しております	격조했습니다
絵をお目にかける	그림을 보여드리다
ご依頼の件、確かに承りました	의뢰하신 건, 잘 알아들었습니다
私もそのように存じます	저도 그렇게 생각합니다
第3位	제3위
一割のコミッション	1할의 수수료
我が国・我が社	우리나라/우리 회사
不可能・不愉快・不必要	불가능/불유쾌/불필요
無差別・無関心・無関係	무차별/무관심/무관계

- ☐ **未**完成・**未**解決 　　　　　　　　**미**완성/**미**해결
- ☐ **高**カロリー・**高**収入・**高**気圧　고칼로리/고수입/고기압
- ☐ **名**場面・**名**演奏 　　　　　　　　**명**장면/**명**연주
- ☐ **総**人数・**総**収入 　　　　　　　　**총**인원/ **총**수입
- ☐ **長**生き・**長**電話・**長**話 　　　　장수/**오랜** 전화/**오랜** 이야기
- ☐ **現**社長・**現**政府 　　　　　　　　**현** 사장/**현** 정부
- ☐ **元**社長・**元**彼 　　　　　　　　　**전** 사장/**전** 남자 친구
- ☐ **副**社長・**副**作用 　　　　　　　　**부**사장/**부**작용
- ☐ 授業**料**・入場**料** 　　　　　　　　수업**료**/입장**료**
- ☐ 生活**費**・交通**費** 　　　　　　　　생활**비**/교통**비**
- ☐ 時間**内**・期間**内** 　　　　　　　　시간 **내**/기간 **내**
- ☐ 予想**外**・時間**外** 　　　　　　　　예상**외**/시간 **외**
- ☐ 比較**的**・日常**的** 　　　　　　　　비교**적**/일상**적**
- ☐ 西洋**風**・和**風** 　　　　　　　　　서양**풍**/일본**풍**
- ☐ 存在**感**・違和**感** 　　　　　　　　존재**감**/위화**감**

연습문제

1 알맞은 어휘에 체크하세요.

① 道でばったり (ⓐ 元彼　ⓑ 前彼) と出会って気まずかった。

② (ⓐ 貴社　ⓑ 我が社) はマーケティング関係ではトップクラスの会社です。

③ 夏になると、川で (ⓐ はまる　ⓑ 溺れる) 事故が多発します。

④ 今後、少子化が問題になるのは (ⓐ 正確　ⓑ 明白) な事実です。

⑤ 「大変 (ⓐ ご無事　ⓑ ご無沙汰) しております。お変わりありませんか。」

2 괄호 안에 들어갈 어휘를 a·b·c·d·e 중에서 선택하세요.

1

① お客様には (　　　　　) で話すようにしてください。

② 会社では、必要以上の (　　　　　) は控えてください。

③ 新しい教育システムを作るようにと、重大な（　　　　）を担いました。
④ 「品質につきましては、会社が（　　　　）しますので、ご安心ください。」

- ⓐ 長電話　ⓑ 敬語　ⓒ 確認　ⓓ 保証　ⓔ 役目

2

① 犯人が警察官の命を（　　　　）銃を撃ちました。
② 高校生は毎日、大きなかばんを（　　　　）学校に行きます。
③ 地震などの災難に（　　　　）苦労している人を助けたいです。
④ 学生が泥棒を（　　　　）捕まえたというニュースが新聞に出ていた。

- ⓐ 遭って　ⓑ おごって　ⓒ 狙って
- ⓓ 追いかけて　ⓔ 背負って

정답

1　①a　②b　③b　④b　⑤b
2　1 ①b　②a　③e　④d　　2 ①c　②e　③a　④d

1 (　　) に入れるのに最もよいものを、a・b・c・d から一つえらびなさい。

① まだ夜10時なのに、家の (　　　　) が全部消えてしまっている。

ⓐ 明かり ⓑ 明かし ⓒ 光り ⓓ 輝き

② 肯定的に考えることで、不安を (　　　　) ように努めています。

ⓐ 落ち着く ⓑ 打ち消す ⓒ うつむく ⓓ 取り消す

③ 年を取って髪に (　　　　) が目立つようになりました。

ⓐ 茶髪 ⓑ 白髪 ⓒ 銀髪 ⓓ 白毛

④ 少女は恥ずかし気に (　　　　) 座っています。

ⓐ 顔を上げて ⓑ 見下げて ⓒ 顔を向けて ⓓ うつむいて

⑤ 空港の司令塔で働く人には (　　　　) 判断が要求されます。

ⓐ 真実な ⓑ 適当な ⓒ 的確な ⓓ 実体な

⑥ 今回は与党が勝つという予想が (　　　)、野党が大勝した。

　ⓐ ずれて　ⓑ 外れて　ⓒ 適して　ⓓ 当たって

⑦ 政府の発表によると、アパートに住んでいる人が全体の6割を (　　　) いる。

　ⓐ 含めて　ⓑ 占めて　ⓒ 示して　ⓓ 記して

⑧ 道に (　　　) を吐くのはマナー違反です。

　ⓐ 息　ⓑ ゴミ　ⓒ 唾　ⓓ 紙袋

2 説明に最も合う言葉を、a・b・c・d から一つえらびなさい。

① 人の成功や前進をじゃまする。

　ⓐ 手も足も出ない　　　ⓑ 足枷になる
　ⓒ 足を引っ張る　　　　ⓓ 足元にも及ばない

② 将来の見通しが全くつかなくて希望がない様子。

　ⓐ 暗黒時代　ⓑ 夢物語り　ⓒ 前方注意　ⓓ お先真っ暗

③ 知識や技術などを自分のものとすること。

　ⓐ 身に染みる　　　　　ⓑ 身を立てる
　ⓒ 身に着ける　　　　　ⓓ 身に覚えがない

④ まったく予測できないという意味。

- ⓐ 見込みがない
- ⓑ 気がつかない
- ⓒ 見当がつかない
- ⓓ 仕方がない

3 _____ に最も意味が近いものを、a・b・c・d から一つえらびなさい。

① 最近、大きな事故が相次いでいます。

ⓐ 続いて ⓑ 懸念されて ⓒ 心配されて ⓓ 予想されて

② 料理人の見事な腕前に感動しました。

ⓐ 貴重な ⓑ 特別な ⓒ すばらしい ⓓ まれな

③ 締め切りが迫っています。

ⓐ 終わって ⓑ 近づいて ⓒ 切れて ⓓ 続いて

④ 科学では説明できない奇妙な現象がある。

ⓐ 楽しい ⓑ おかしな ⓒ おもしろい ⓓ 貴重な

4 つぎのことばの使い方として最もよいものを、a・b・c・dから一つえらびなさい。

① 年をまたぐ
   ⓐ 私も年をまたいだので、もう働けません。
   ⓑ 最近は、仕事で年をまたぐ人が増えてきた。
   ⓒ 交渉がなかなか進まず、年をまたいだ交渉となった。
   ⓓ 時には年をまたぐのも健康にいい。

② 存ずる
   ⓐ 病院はまっすぐ行って右側に存じます。
   ⓑ 私もそのように存じます。
   ⓒ お年寄りの方は公園に存じます。
   ⓓ 大変ご無沙汰して存じます。

③ 見つめる
   ⓐ 探していたノートをやっと見つめた。
   ⓑ 隣の人の顔をちらちらと見つめた。
   ⓒ 彼は嬉しそうに彼女の顔を見つめた。
   ⓓ 彼の趣味は本を見つめることだ。

④ 顔つき
   ⓐ 階段で転んで顔つきました。
   ⓑ 犯人かどうか顔つきで分かります。
   ⓒ 初めての出会いで、お互い顔つきました。
   ⓓ 彼は体は大きいが、顔つきは小さいです。

실전문제 정답

1주
1 ①b ②b ③d ④d ⑤a ⑥b ⑦b ⑧c 2 ①b ②c ③a ④c
3 ①b ②c ③a ④c 4 ①c ②d ③c ④a

2주
1 ①c ②a ③b ④d ⑤c ⑥c ⑦a 2 ①c ②c ③b ④b
3 ①d ②d ③a ④b 4 ①b ②c ③c ④b

3주
1 ①a ②c ③b ④b ⑤d ⑥a ⑦d ⑧a 2 ①c ②a ③c ④b
3 ①b ②b ③c ④d 4 ①a ②d ③b ④d

4주
1 ①c ②a ③c ④a ⑤c ⑥a ⑦c ⑧a 2 ①b ②d ③b ④d
3 ①c ②c ③d ④b 4 ①d ②b ③b ④c

5주
1 ①c ②d ③d ④d ⑤b ⑥b ⑦b ⑧a 2 ①b ②b ③d ④a
3 ①a ②c ③c ④c 4 ①d ②a ③b ④b

6주
1 ①a ②c ③d ④d ⑤a ⑥c ⑦c ⑧a 2 ①b ②c ③b ④b
3 ①b ②c ③c ④c 4 ①b ②a ③b ④c

7주
1 ①b ②b ③c ④d ⑤d ⑥b ⑦a ⑧b 2 ①b ②b ③c ④b
3 ①c ②c ③b ④b 4 ①d ②c ③c ④b

8주
1 ①c ②c ③a ④c ⑤d ⑥c ⑦a ⑧c 2 ①c ②b ③c ④c
3 ①b ②a ③a ④c 4 ①b ②c ③d ④a

9주
1 ①a ②b ③b ④d ⑤c ⑥b ⑦b ⑧c 2 ①c ②d ③c ④c
3 ①a ②c ③b ④b 4 ①c ②b ③c ④b